LLÊN Y LLENOR

GOLYGYDD:

J. E. CAERWYN WILLIAMS

Bobi Jones
Y Canu Canol

Dewi Stephen Jones

GWASG PANTYCELYN

ISBN 1 874786 93 3

Dymuna'r cyhoeddwyr gydnabod yn ddiolchgar
gefnogaeth ariannol Cyngor Celfyddydau Cymru.

Argraffwyd gan Wasg Pantycelyn, Caernarfon

I MAM
AC ER COF AM
FY NHAD

CYNNWYS

RHAGAIR

Carwn ddiolch yn gynnes unwaith eto i'r (diweddar, erbyn hyn) Athro-Emeritws J. E. Caerwyn Williams am fy nghwahodd i gyfrannu ail gyfrol ar farddoniaeth Bobi Jones i'r gyfres 'Llên y Llenor' ac am ei amynedd a'i ofal ynglŷn â'r gwaith hwn.

I

MAN GWYN

[*Nodyn Bywgraffyddol*: Cyhoeddwyd pedwaredd gyfrol Bobi Jones, *Man Gwyn*, ym 1965. Mae'n cynnwys dilyniant o 46 o ganeuon ynghylch ymweliad Bobi Jones â Québec yn y flwyddyn Mehefin 1963 hyd Fai 1964. Corfforwyd diwygiad o'r dilyniant hwnnw yn ddiweddarach yn *Casgliad o Gerddi Bobi Jones* (Cyhoeddiadau Barddas, 1989), lle nad erys ond 34 o'r caneuon hynny. Yr argraffiad hwnnw (sef COG) yw'r un a ddefnyddir drwy gydol yr ymdriniaeth hon.

Ymweliad academaidd oedd hwn â Phrifysgol Ffrangeg Laval, a Bobi Jones ar y pryd yn gweithio fel darlithydd ymchwil ym Mhrifysgol Cymru, Aberystwyth. Bu dwy wedd i effaith yr ymweliad: sef yn gyntaf, cyfle i'r awdur ddatblygu'i astudiaeth o Iaith Plant; ac yn ail, estyniad o'i efrydiau mewn Didachteg Iaith. Bu'r olwg a gafodd ef ar gyflwr cenedl a oedd yn debyg ddigon mewn rhai agweddau i Gymru, yr alltudiaeth hefyd o Gymru, y gaeaf dwys ac eithafol, a chwmnïaeth y teulu yn ysgogiad i lunio'r dilyniant hwn o gerddi. Yn y cyfnod hwn yr aeddfedodd thema'r bardd o adfywiad wrth efrydu adfywiad iaith, adnewyddu wedi'r gaeaf, ac ieuenctid y teulu.]

*   *   *

'Roedd y chwedegau yn ddegawd o ymweliadau a theithiau yn hanes y bardd a'r rheini yn deithiau i gyfandiroedd newydd ac i wledydd a thaleithiau go ddieithr, Québec, Gambia a Mecsico. Yn gymharol ifanc, gyda theulu, 'roedd am achub y cyfle i geisio persbectifau newydd 'ar y weirglodd fythol hon'. 'Roedd bywyd yn ymagor a'i wreiddyn yn sicr, er bod cysgodion yr amserau yn gwasgu ar y gwreiddyn hwnnw.

Mae i bob taith ei nodweddion, ei chyfeiriad, ei chyrchfan. Taith swyddogol oedd honno gyda'i deulu i Québec ac wedi ei threfnu gan y ddwy brifysgol, Prifysgol Cymru a Phrifysgol Laval. Ymweliad ar ran y Gyfadran Addysg yn Aberystwyth ydoedd a hynny am y flwyddyn academaidd o Fehefin 1963 hyd at ddiwedd Mai 1964. 'Roedd Jac L. Williams, yr Athro, yn ffodus o gael darlithydd mor eiddgar ac awyddus yn ei Adran. 'Roedd y ddau, fel cyd-weithwyr, yn ddau a chanddynt weledigaeth gadarn ond hyblyg am ddyfodol ein hiaith mewn gwlad ddwyieithog. Yr oedd cryn debygrwydd rhwng y sefyllfa yng Nghymru a'r sefyllfa yn nhalaith Québec, megis yn y syniad o golled – mae cyfatebiaeth rhwng digwyddiadau Cilmeri 1282 a Gwastadeddau Abraham 1759. Yn y ganrif hon hefyd yr oedd Québec wedi colli ei gafael ar diroedd enfawr Labrador. Yn y naill le a'r llall 'roedd annibyniaeth ar brydiau yn bwnc llosg a materion iaith, dwyieithrwydd a thafodiaith yn bynciau trafod. (Er enghraifft, 'roedd y Frangeg yn Québec ychydig yn wahanol i'r iaith ganolog, yr iaith Ffrangeg safonol.) Yr oedd gwahaniaethau mawr, serch hynny, rhwng y ddau le, yn wleidyddol ac yn ieithyddol.

O ran astudio'r disgyblaethau oll, 'roedd y flwyddyn academaidd hon yn ffrwythlon tu hwnt. 'Roedd wrth ei fodd gyda'r gwmnïaeth newydd – dadl, cyfathrach, sgwrs a chyngor. Goleuni'r lamp:

> O cofiwn y dwylo a estynnodd
>   eu hanwes
> O'r cychwyn, fel peilotiaid a ddringodd i mewn yn hyderus
>   I'n pont. (COG 153)

Gwres y cyfeillgarwch. Ond i'r bardd 'roedd agenda arall hefyd. Yn ystod ei arhosiad, daeth y cerddi'n rhwydd. Tu hwnt i reswm a deall ar y pryd, mor gudd â'r gwawn sydd eto heb ei wlitho gan dawch a goleuni'r bore, yn yr isymwybod lle y mae gwe yn ymffurfio a phob ffilament unigol yn rhan o batrwm y rhwydwaith cyfan, hyblyg – fan yma yn gafnog, fan draw yn grwm, fel antenae sensitif i bob cryndod o'r Gogledd ac o'r man gwyn:

> I must hunt down the prize
>   Where my heart lists.
> Must see the eagle's bulk, render'd in mists,
>   Hang of a treble size.

Y mae ôl rhamantiaeth ar y gerdd gynnar hon 'I must

hunt down the prize' gan Gerard Manley Hopkins – yr 'anesgor hiraeth' fel y'i ceir yn 'Ulysses' Tennyson ac yn ddiweddarach yn 'Madog' T. Gwynn Jones. Ond ynghlwm wrth hynny, y mae deffroad o fath, megis rhag-weld gyrfa a dilyn esiampl yr offeiriaid hynny o Gymdeithas yr Iesu a fu'n gwasanaethu yn y Gogledd, yng Nghanada. Er bod ail hanner cerdd Waldo, 'O Bridd', yn fy atgoffa o rai o dirluniau Caspar David Friedrich y mae ei weledigaeth yn y gerdd hon yn deillio o ddigalondid sy'n debyg i drymder meddwl Hopkins yn ei 'Terrible Sonnets'. Ta waeth am hynny, y maent ill dau yn agosáu at y ffin ac yn mynd i'r eithaf. Y mae'r golygfeydd yn y galon – yn y gweld. Ond y mae Bobi Jones wedi bod yno, neu'n agos yno yn llythrennol ac wedi cael gwir brofiad o oerni'r pegwn ac o wres y cyhydedd. Mae ffaith yr hinsoddau hyn, yn arbennig yr oerfel iasol, wedi gadael ei hôl arno ef a'i ganu. Y mae'r clymiad o realiti lle yr â'r trosiad neu'r symbol o gyflwr mewnol yn fwy tyn er mai'r dychymyg ac nid unrhyw eirwiredd sy'n llywodraethu.

Y mae'r teithiau yn ymddangos fel pe baent yn deithiau i leoedd hollol wahanol, eithafoedd hinsawdd – oerni Québec a gwres Gambia. Yn gefndir i'r cerddi sy'n deillio o'r teithiau a'r lleoedd hyn y mae llun a hinsawdd yr uffern draddodiadol a Christnogol fel y'i ceir yng nghanu Dante, Siôn Cent a Milton – nid y llwybr fry ond y llwybr chwithig obry:

> Lle mae parod, cyfnod cas,
> Bachau cigweiniau gwynlas,
> A rhew er hyn cyn cannoed,
> A'r iâ na thoddes erioed.
>
> ('Y Ffordd i'r Nef', Siôn Cent.)

Yn 'Dawns y Du', a sôn am yr haul crasboeth y mae, gwelir mai 'Uffern ar adain ydyw':

> Uffern ydyw a'i ffwrnais
> Yn hedfan gyhwfan: fe gais
> Estyn ei chrafangau llym
> A gafael ynom . . . (COG 179)

Mae'r 'crafangau' yno fel bachau uffern. Y mae rhew, fel

11

y gellir disgwyl, yn amlwg yng ngherddi Québec. Yr oedd uffern a'r fall yn cynnwys nid yn unig y llyn o dân a fflamau ond y pwll o rew – gwres ac oerni eithafol, yr elfennau egr, noeth.

Nid cyd-ddigwyddiad ond patrwm yn amffurfio yn yr isymwybod a geir ym mhedair taith a phedwar caniad y bardd:

'Cerddi o Iwerddon' – gwyntoedd y storm – **aer**.
'Man Gwyn' – rhew ac eira – **dŵr**.
'Dawns y Du' – haul – **tân**.
'Dieithryn ym Mecsico' – cnawd a phridd – **daear**.

Nid fformiwla a geir fel yn rhai o gerddi Euros Bowen – mae'n debycach i T. S. Eliot yn 'The Four Quartets'. (Yn y Canol Oesoedd, a'r Dadeni i raddau llai, 'roedd cyfatebiaeth rhwng y pedwar defnydd a'r pedwar gwlybwr – 'roedd mesur y rhain yng nghyfansoddiad y corff yn arwyddo tymer y person hwnnw. Gellir defnyddio'r wybodaeth hon, fel y gwnaeth D. J. Bowen ar brydiau, wrth ymdrin â chymeriadaeth Dafydd ap Gwilym – Dyddgu a Morfudd, Dafydd a'r Bwa Bach. Yn y portread o'r uchelwr, yng ngwaith Dafydd a'i gyd-feirdd, fe geir, gan amlaf, y cydbwysedd llwyr rhwng y pedwar gwlybwr. Y mae'r pedwar teip i'w gweld fel cymeriadau mewn drama yn un o ddarluniau Dürer o bedwarawd yn poenydio Crist. Yng nghyfnod Shakespeare 'roedd awgrym o'r syniad fod uffern, i'r damnedig, yn bodoli yma ac yn awr. Yn nrama Marlowe mae Mephistophilis yn cyfarch Faustus – 'Why, this is hell, nor am I out of it'. 'Roedd Calfin a Luther, ill dau, yn dal mai stad meddwl yw uffern, cyflwr meddwl yn hytrach na lleoliad y rhai a oedd wedi eu barnu i ddistryw. (Gweler Susan Snyder, 'The Left Hand of God – Despair in Medieval and Renaissance Tradition', *Studies in the Renaissance*, XII (1965), t. 27). Yn 'Robert Recorde' (*Hunllef Arthur*), gŵr y Dadeni (fel John Dee), cawn ôl chwedl Ffawst. Medd Robert wrth gael ei demtio: 'Ac a yw'r pwll tu mewn i mi?' A cheir llun o uffern yn y parenthesis, t. 132, ll. 261-263:

(Ond o nesáu, o gaffael cipwedd arni
O du paradwys, y gwir yw'r anwir heth
A'r anhraethol fethiant fflamau 'gwyd ohoni.)

Os uffern ar y ddaear, mae'n bwysig gwahaniaethu rhwng y ddau bwrpas neu'r ddwy swydd sydd i boenau, etc. Yn ôl Calfin, 'Such weeping and gnashing of teeth is in that verie Hell, not that which stirreth up the reprobate to seek after God, but which only vexeth them with blind tormentes'. (*A Commentarie of John Calvin upon the First Book of Moses Called Genesis*, cyf. Thomas Tymme 1578, Pennod 27, tud. 582) Yn *Macbeth*, er enghraifft, mae gwahanieth sylfaenol rhwng y poen a'r blinder a ddaw yn sgil y temtio yn nechrau'r ddrama a'r boenedigaeth, 'blind tormentes', a geir maes o law.

Yng nghyd-destun ei holl waith barddol, prif arwyddocâd y cerddi o Iwerddon, lle y bu Bobi Jones am y flwyddyn 1950-1951, ar wahân i gyflwyno profiad alltud ifanc, oedd i'r bardd ddarganfod ynddynt a thrwyddynt ddull o gyflwyno un emosiwn sylfaenol heb undonedd – llunio cerddi unigol a oedd eto'n rhan o fyfyrdod crwn. 'Roedd y dilyniant cynnar hwn a gafwyd yn *Y Gân Gyntaf* (GOG 19-22) megis mowld hyblyg i'w gerddi aeddfetach neu megis arwyddbost clir i ddangos llwybr ar gyfer y teithiau a oedd i ddod. Ond mae patrwm arall. Mae i bob taith ei hargyfwng i'r bardd hwn. Daw'r hunan dan bwysau lle. Mae'r lens hefyd ar gydwybod cyfnod. Yn 'Dawns y Du' y mae'r bardd yn cael ei demtio, mae'n syrthio ac yn edifarhau. Nid ei demtio a gaiff yn *Man Gwyn* ond y mae'n cael ei ysgwyd gan arwahanrwydd ac yn teimlo'r caethiwed ac yn profi o'r tywyllwch sydd oll ynghlwm wrth hinsawdd lle ac yn bodoli yn y galon. Yng nghanol nos y gaeaf, y mae'n cael cip ar uffern – undonedd rhew. Daw'r waredigaeth rhag y realiti hwn o berthyn, ac o gynhesrwydd perthynas, personol a chymdeithasol. Yn y canol y mae'r patrwm cynddelwaidd, perthynas yr unigolyn â Christ a Duw.

I'n helpu i ddilyn y trywydd, dyma, yn fras, gynllun y dilyniant (GOG 123-154):

Cerddi 1-2: Ffarwelio â Chymru a chyrraedd Canada.

Cerddi 3-8: Y gogledd fel realiti a myth.

Cerddi 9-26: Agweddau ar y gaeaf sy'n cau ar y lle a'r person, rhyfeddod, ofn etc. a'r hyn sy'n gwarchod rhag yr hinsawdd uffernol.

Cerddi 27-32: Y dydd newydd ar ôl nos a'r gwanwyn ar ôl y gaeaf.

Cerddi 33-36: Ffarwelio â'r Man Gwyn.

Dyma ddiwedd ei soned, 'Soned Hiraeth', sy'n agor y caniad:

> Ac eto mae'r gwiwerod a'r cymylau mor gynefin;
> Cymreig yw'r cerrig – bron – fel y rhai sy'n bla
> Ar lethri rhadlon Dyfed breuddwyd – bron. (COG 123)

Mor gelfydd y mae'r bardd yn cyfleu ei deimlad o adael a ffarwelio â'i famwlad. Y mae'n chwilio am gysur drwy geisio'r hyn sy'n gyffredin mewn dau le – gweld y cyfarwydd mewn man dieithr. Mae ailadrodd 'bron', heb ddweud mwy, yn dangos i'r byw ei wir deimlad. 'Rydym yn synhwyro ystyr yr atal dweud. Fe allai fod wedi defnyddio 'ond' ond defnyddiodd 'bron'. Mae ystyr arall isleisiol i'r darn na ŵyr y bardd amdano wrth iddo gyfansoddi, megis llithriad Freudaidd mewn lleferydd sy'n arwyddocaol. Fel sain cloch o'r dyfnder, dyma 'bron' fel enw ac nid adferf – y man gwyn — purdeb y berthynas agosaf fel baban yn sugno fel bardd wrth faeth y famwlad, cynhesrwydd teulu a hynny ar ddechrau caniad sy'n ymwneud ag oerni rhew. 'A,' meddwch chwi, 'mae "bron" yn cyfleu "rhyw" hefyd'. Yn sicr, ond yn y cyddestun mae'n amlwg ei fod o fewn y patrwm crwn, cariad y teulu.

Cymharer hyn â'r 'Portread o Hen Indiad'. Bid siŵr, mae cynhesrwydd perthynas rhwng y taid a'i ŵyr sy'n cael ei hwylio mewn coets, ond mae blinder yng ngherddediad yr hen ŵr ac ôl unigrwydd – ei gartref yw'r 'neilltuol dir', y *Reservation*. Beth am ei wreiddiau, ei ddiwylliant, ei wlad?

BOBI JONES – Y CANU CANOL

Tyfasai'i genedl fel bryniau gwyrdd,
  A choed oedd eu pum synnwyr.
Diflannodd pob smic dan yr eira clyd
  A lanhaodd y byd mor drylwyr. (COG 125)

Fe drodd y fron iraidd yn fron heb faeth. Llun ydyw o goll
gwreiddiau ac o rwyg yn y cylch, cylch y llwyth. Yn sgil
'eira clyd' cynnydd, daeth undonedd a chladdu'r pum
synnwyr. Un o hoff eiriau Hopkins am amrywiaeth
(mewn lliw) oedd 'dappledness' fel lliw merlod yr Indiaid
gynt. Y mae'r amnesia gwyn a chlyd yn andwyol i gof
cenedl, i ymwybyddiaeth y llwyth a'r unigolyn o'r
gwreiddiau.
  Wrth hwylio i Québec yr oedd y llong yn pasio tiroedd
anferth, na ellid gweld yr hyn a oedd y tu ôl iddynt. Y
mae'r bardd yn canolbwyntio ar yr hyn na ellir ei weld,
fel gobaith tu hwnt i anobaith anial:

      Anwar, gwag, a diffrwyth ar wahân
      i'r mwynau dan dy bridd sy'n
        gymhlethdod mewn is-ymwybod

      O'r golwg mae dy embryo, yn
      dy seleri gwin, y plentyn siawns
        yn ddwfn dan dy ddiffeithwch

      Megis ffynnon ar ffynnu.

Tu hwnt i'r fron hesg mae bron gudd, iraidd hyd yn oed
yma ond yn gaeth a than glo:

    Hope springs eternal in the human breast:
    Man never is but always to be blest.

          (Alexander Pope, 'An Essay on Man', Epistol 1)

Ond fe â'r bardd ymhellach:

          Uwchben
      mae'r haul bob amser yn lleuad
        yn tywynnu dros y blodau

      O'r golwg dan y pridd am byth.
        Acw bu celu canu,
          mae claddu lliwiau . . . (COG 124)

Mae'r llun o'r lle yn gadael ei farc ond nid yn unig ar y
retina neu ar bob nerf yn nheimladrwydd bardd – mae'n

15

aros yn drwm yn y galon hefyd. Gwir y dywedodd John Emyr yn ei gyfrol *Bobi Jones*, yn y gyfres *Writers of Wales*: 'Nevertheless it would be a mistake to consider the various places as merely extraneous grist for the poet's mill: they have more inner symbolic significance than locations in a travel guide.' Yn symbolig, yn fetaffisegol neu'n alegorïaidd, y mae i'r lle hwn ei nodweddion uffernol – 'to-morrow, and to-morrow, and to-morrow'. Gallwn ddirnad *En Attendant Godot* fel 'a tale / Told by an idiot, full of sound and fury, / Signifying nothing', ond gyda'r pwyslais ar ffars y sefyllfa ac nid y trasiedi.Ond beth am y pren noeth sydd wedi deilio erbyn dechrau'r ail act erbyn y bore drannoeth? Ac mae lle pwysig i'r pren hwn ar y llwyfan gwag – oni luniodd ffrind Becket, y cerflunydd Giacometti, goeden o blaster ar gyfer y perfformiad hwnnw yn theatr yr Odéon ym Mharis? Ond yn arwyddocaol, nid yw cyflwr y ddau drempyn Vladimir ac Estragon, wedi newid – maent yn yr union sefyllfa. Yn hytrach nag arwydd o ddyfodiad y gwanwyn, pwnc dadl yn unig yw'r dail ar y pren. Ni cheir gwanwyn o fewn. Y mae'r undonedd a'r unigrwydd yn parhaus. Nid yw'r dail ond sglein 'ffosfforedd y fall'.

Yn 'Les Pays D'en-Haut (sef y gogledd)' (COG 125) cawn fonolog gan gymeriad lleol (nid yn annhebyg i ddull, ac y mae ei enw'n weddus, Robert Frost) sy'n rhoi'r grynfa inni. Mae undonedd, unigrwydd, gwacter ac ofn, nodweddion y gogledd, yn cau amdanom, yma, yn Québec. Dyma fan gwyn sydd 'Fel blaidd yn cyrlio'i wefus yn ôl / i ddangos gwynder lladd'. Mae fel yr Angau ei hun. Pwysleisir undonedd y lle yn y cyffyrddiad olaf; 'unsillaf y gwynt'. Ar ôl llun o'r gogledd **fel** blaidd megis personoliad o le fe geir portread go iawn o un o greaduriaid y gogledd, sef 'Yr Arth Wen'. Sylwer mai 'dŵr colledig' yw'r rhew. Y mae'r arth wen yn ymgolli yng ngwynder a gwacter anferth y lle:

> Fel petai
> unigrwydd yn anadl,
> llyncir ar unwaith ei holion ei hun.

I lawr rhwng clogwyni o wyndra ymbalfala;
   try
y ffordd hon
   a'r ffordd arall, yr unig syflyd
mewn milltiroedd o wynt di-liw.
   Syflyd unig
drwy fynwent ddi-flodau. (COG 127)

Y mae'r arth wen yn ddieithr, rhithiol a hudol nes;
      Deil isod
   wingiad o bysgodyn yn ei maneg;
fe'i gwân – ond mor gyfarwydd, mor ffiaidd
   â dyn. (COG 128)

Mae'n bortread gwefreiddiol a hudol, fel breuddwyd, nes ein hatgoffa o'r realiti. Fel y cerddi eraill, y mae'n gerdd berffaith-gwbl ond yn ogystal yn cyfrannu at ddatblygiad thema. Cawn ein tywys i fyfyrio ar y natur ddynol a hynny o gyfeiriad annisgwyl wrth sylweddoli, gyda'r bardd, y realiti o'n blaen sy'n fraw i rai ohonom na fu'n nes at yr arth wen na'r hysbyseb ar gyfer *Fox's Glacier Mints*. Hysbyseb, ddywedais i? Ie, ac nid ar hap canys y mae'r wedd honno i'r gyfundrefn gyfalafol ac Americanaidd i gael amlygrwydd yn y cerddi. Ym Montreal, cafodd gip am y tro cyntaf ar gyfundrefn y ddinas fodern Americanaidd – diwylliant y gyfalafiaeth eithafol – y golau neon, yr hysbyseb – arwyddion o'r *hard sell*. 'Roedd fel gorthrwm propaganda ar amser rhyfel. Rhaid cofio nad oedd y diwylliant hwnnw mor amlwg yn ninasoedd Prydain. Nid oedd hysbysebion ar y teledu ar y pryd. Fe luniodd Larkin gerdd drawiadol ar ôl craffu ar un poster arbennig sef 'Sunny Prestatyn' ond fe geir defnydd mwy arwyddocaol o'r hysbyseb, yn realiti ac yn droad ymadrodd nag yng ngwaith nemor un o'i gyfoeswyr yng Nghymru gan y bardd hwn.

    Y mae'r cyffyrddiad olaf yn 'Yr Arth Wen' yn ein tywys at ddyn ac at ddinas. Mae 'Ste-Anne De Beaupré (Cysegrfan enwocaf Canada)' i'r ferch 'sy'n ferch i'r werin ac yn iaith fach / Ynghanol dadwrdd rhyngwladol' megis ffair wagedd. Dyna gyflwr y deml hon sy'n peri i ddarllenydd feddwl a dyheu am weld eto y darlun gan El

Greco wedi ei seilio ar yr hanesyn yn Mathew 21. 12 neu
Marc 11. 15:

> A'r Iesu a aeth i mewn i deml Dduw ac a daflodd allan
> bawb a'r oedd yn gwerthu ac yn prynu yn y deml, ac a
> ddymchwelodd i lawr fyrddau y newidwyr arian, a
> chadeiriau y rhai oedd yn gwerthu colomenod.

Y mae pethau o chwith:

> Ond yn garedig, a'i phen ynghrwm cloffodd
> Allan o'r eglwys fel un oedd wedi ei dadiacháu
> Wrth ddod. (COG 129)

Y mae hi'n fwy o grupl yn gadael! Nid rhyfedd i Gerard
Bessette yn ei nofel gyntaf *La Bagarre* groniclo'r newid
yn yr hen drefn a gwir ddylanwad yr Eglwys yn Québec
ar drai. 'Roedd y gymdeithas ddigyfnewid a thra-
ddodiadol yn cael ei thrawsffurfio tan ddylanwad modern
a chyfalafol America a hynny'n gynyddol yn ystod yr
union gyfnod y bu Bobi Jones yno. Beth fyddai'r Tadau
Brebeuf, Masse a Charles Lalemont, aelodau oll o
genhadaeth Cymdeithas yr Iesu a fu'n arwrol-
ddylanwadol – beth fyddai'r rheini'n ei wneud o hyn oll.

Ceir slent arall ar y cwbl yn 'La Chute de
Montmorency (rhaeaedr uwch na Niagara, yn nhalaith
Québec)'. Wrth ddarllen y gerdd, ni ellir llai na chofio am
Bistyll Cain a'i chwaer, Rhaeadr Mawddach. Mae'r
gwahaniaeth yn drawiadol rhwng y rhaeadr hon a
rhaeadrau Cymru;

> A phan fydd fy ngwraig yn tynnu ei ffrog oddi amdani
> Am eiliad can uwchben ei breichiau pleth
> I fyny yn yr awyr bydd y ffrog yn wyntyll
> o fflamau lliain ar ffurf adenydd briw
> Cyn diflannu. Felly hyhi. Yr iarlles Cain. (COG 52)

Mae agosrwydd amlwg yn y gymhariaeth – cynhesrwydd
perthynas: 'Nesâf i aros yn ei phabell hapus'. Mae fel cyd-
anadlu. Pan osodir hyn ochr yn ochr â'r llun o'r rhaeadr
yng Nghanada fe welir nad cynhesrwydd eiliadau
personol a geir yn 'La Chute de Montmorency'. Yr hyn
sy'n aros yn y cof o ddarllen y gerdd honno yw'r
ymdoddiad a geir – a'r trosiad yn debyg i *montage* –

rhwng y llun o'r rhaeadr a'r llun o'r ddinas fodern Americanaidd gyda'i chrafwr-wybren – creadigaeth uffernol *hubris* dyn. (Cofier am 'Wall St. a Manhattan wen' yn ei gerdd ddiweddarach am Fiet-nam.) Ni cheir yma'r bensaernïaeth honno megis pensaernïaeth Frank Lloyd Wright lle ceir harmoni a chynghanedd y berthynas rhwng dyn a natur, megis ei adeilad isel, llorweddol, *Falling Water*;

> Ar seiliau concrit gwyn gan fab-saer gorgryf gynt
> Adeiladwyd crafwr-wybren y rhaeadrau.
> Drwy restr o'i ffenestri can gan sbio ar y gwynt
> Ymwthiodd wynebau gweigion tyrfa dyrfus . . .

Sylwer nad chwarae â geiriau a wna'r bardd yn ei gyffyrddiad 'gan fab-saer gorgryf gynt'. Y mae'r glasier a luniodd y rhaeadr, a thrwy gymhariaeth, holl rym a phwysau ac oerni y diwylliant modern megis haen o'r Gwrth-Grist. Dyma wyrdroi'r weledigaeth honno o arucheledd a oedd mor nodweddiadol o awen y Rhamantwyr – dyma droi honno ar ei phen. Nid hon yw'r raeadr yn Eden a baentiwyd gan Thomas Cole.

Yn sicr, 'roedd dinasoedd Gogledd America a Chanada yn wahanol fel yr oedd anferthedd gwag y Gogledd yn wahanol, ac ill dau yn gwasgu. Ond fe gredaf fod digwyddiadau a dinasoedd eraill yn pwyso ar y bardd ac yn peri i lun cyflawn o'r lle a'r amser hwn droi'n fap o *psyche* dyn yn yr ugeinfed ganrif, yn dopograffi mewnol o'r byd modern. Rhaid cofio bod corfforaethau dinasoedd fel Efrog Newydd wedi chwalu cymdeithasau a phobloedd (yr Indiaid gan amlaf) drwy foddi cymoedd.

> Chwefror 10, 1963: un o'r dyddiadau pwysicaf yn hanes Cymru yn yr ugeinfed ganrif. Yn oriau mân bore'r dydd Sul hwnnw ffrwydrwyd trawsnewidydd trydan ar safle'r argae yng Nghwm Tryweryn gan dri gwladgarwr gwrol, Emyr Llewelyn, Owain Williams a John Albert Jones, tri aelod mwyaf blaenllaw mudiad newydd o'r enw Mudiad Amddiffyn Cymru (M.A.C.) . . . Ymddangosodd Emyr Llewelyn gerbron ynadon y Bala ar Chwefror 21, ac fe'i rhyddhawyd ar fechnïaeth gan yr ynadon hyd Fawrth 9. Yr oedd gan rai o feirdd y cyfnod gysylltiad amlwg â'r achos hwn. Cynrychiolwyd y cyhuddedig gan W. R. P. George, a

chyfrannodd Gwenallt a Bobi Jones ganpunt yr un tuag at
ei fechnïaeth.
(Alan Llwyd, *Barddoniaeth y Chwedegau, Astudiaeth
Lenyddol-Hanesyddol*, Cyhoeddiadau Barddas, 1986)

Ar y pryd, fe ganodd y bardd faled i Emyr Llewelyn. Yn
ail gerdd *Man Gwyn* sef 'Porthladd Québec' (COG 123)
cawn ein hatgoffa o frad Lerpwl: 'Llongau hoff Lerpwl yn
cynnwys dŵr cywilydd Cymru . . .' 'Roedd ymarweddiad
cyngor y ddinas fel rhew! 'Roedd y busnes hwn yn parhau
tra oedd y bardd a'i deulu yn Québec. Ac ar ôl bod yn
Québec am rai misoedd, bu'r digwyddiad yn Dallas.
'Roedd hynny'n 'sgytwad i bawb – a chlywed am y peth
mewn gwlad-ddieithr. Trasiedi gwacter ystyr. Yng
ngherddi 3-8, fel yr wyf wedi ceisio dangos yn weddol
fanwl, y mae'r bardd yn creu awyrgylch ac yn diffinio
hinsawdd y man gwyn. Ar brydiau mae'n grëwr myth a
thro arall yn dyst a hynny'n aml mewn un gerdd.

Daw newid cywair gyda'r cerddi sy'n dilyn yn union ar
ôl 'La Chute de Montmorency' fel ail act y ddrama. Maent
yn fwy personol a thelynegol eu naws. O leiaf, maent yn
ymddangos felly er eu bod yn cyflwyno myfyrdod ar
thema arall sy'n cyd-symud drwy'r cerddi, sef myfyrdod
ar amser. Mae bysedd y cloc yn troi tua thymor y rhew: 'I
Beti (yn yr *haf*)', '*Hydref* yng Nghanada', 'Oerni Mewn
Tir'. Mewn argyfwng, yr hyn sy'n dal yw perthynas ac
mae'n troi at Beti. Cymhariaeth estynedig a geir yn 'I
Beti (yn yr haf)' ac mae'r gymhariaeth yn un allweddol:

> Fel dŵr mewn tref, anhysbys yw fy nghariad
> Yn yr holl lwybrau y dysgodd redeg atad.
> Mae'n gyfrinachol, am byth yn gyfrinachol,
> I lawr ar wahân mewn troedffyrdd tanddaearol:
> Goleuni wedi'i ddwys soledu er mwyn crwydro
> Drwy nos hen galed y ddaear. (COG 130)

Yng ngherdd Robert Frost, 'The Brook in the City', y
mae'r dŵr yn dal i lifo o dan y ddinas ond – 'No one would
know except for ancient maps / That such a brook ran
water'. Yn Québec, fel ysgolhaig, yn wir fel gwyddonydd,
a than ddylanwad gwaith Gustave Guillaume yn bennaf,
fe drodd Bobi Jones i chwilio 'hen fapiau' iaith. Rhan o

gynnyrch yr ymchwil hon a gafodd 'sbardun yn ystod ei arhosiad yw ei gyfrolau arloesol, *Tafod y Llenor* a *Seiliau Beirniadaeth*. Tu hwnt i gystrawen y frawddeg y mae 'na ramadeg gwahanol a chudd. Ond mae i'r wybodaeth a ddaw yn sgil yr astudiaeth ddofn arwyddocâd pellach – y mae'r syniad o ddeddfau cudd yn ogleisiol i'r artist ac yn ddefnyddiol i'r bardd yn ogystal â'r beirniad. Y mae ôl y 'gweld' ar y cerddi ac mae 'na bedair ohonynt o leiaf yn y dilyniant hwn – yn 'Labrador', 'I Beti (yn yr haf)', 'Newyddion am Eira' a 'Na Choelia'r Cusanau'. Y mae'r gerdd olaf hon yn diffinio'r hyn sydd y tu hwnt i 'gystrawen' serch:

> Na choelia'r cusanau hyn: ystumiau moethus
> Ŷnt sy'n tyngu nad oes neb ond hwythau'n bod,
> Diniweitiaid o ymarferion corff, creaduriaid hapus
> Nes credu ohonynt mai hwy yw'r cread i gyd;
> Ond tyrd o'r tu ôl i'r golau at y bwrdd switsis,
> At y gramadeg sy'n rheoli'r achlysur, at y cod
> Sy'n ei egluro. Yn ffiseg fy nghofleidiadau pentyrrus
> Mae deddf sy'n reddf i bob ymgorfforiad hud. (COG 144)

(Nid yr un yw 'The code of night tapped on . . . tongue' – Dylan. 'From Love's First Fever to her Plaque'.) Y mae 'Na Choelia'r Cusanau' fel glòs hefyd ar y gerdd sy'n ei rhagflaenu 'I Beti (ar noson o eira) – 'Gad imi d'anwylo â'm brawddegau heno . . .'

Yr un egwyddor a geir yn y llun o'r eira yn 'Newyddion am Eira'. Y mae'r eira 'Rywle'n bresennol ar ochr arall popeth' a hynny ym Mehefin. Mae ei wynder 'Fel aroglau tanfor' a 'Cyn pacio'r tes 'roedd eisoes wedi cyrraedd'. O gân 8 ymlaen (a heb anghofio am fygythiad y rhew) y mae'r pwyslais ar ryfeddod – rhyfeddod y tymhorau, perthynas, etc. Ond y gân hon (gyda chân 23) sy'n cyfleu orau ac yn lletach y rhyfeddod cosmig;

> Gadawsom y baw a'r boen, y colli a'r ymrysonach
> A chroesi'r ffin i lonydd ei wely plulan. (COG 134)

Yn y man gwyn hwn cawn lun o'r tragywydd . . . 'Duw ydyw'r goeden. Wele ei ddail'. (Rhaid cofio nad yw gwynder eira yn nodwedd o'r uffern draddodiadel – dim

ond rhew a stêm (o H^{2}O) a geir yno – stêm fel y'i ceir yn
yr olygfa uffernol honno yn 'La Chute de Montmorency':

> Lan yng nghyrchfeydd y niwl, uwch grisiau i'r awyr oer,
> Ymleda fel amdo, ei do a'r simneiau ewyn
> Sy'n anadlu'n gry o stafelloedd poer
> Fwg diafolaidd ei ffrydiaeth anghyffredin. (COG 129)

A chofier hefyd am ddylanwad y canu gwirebol ar gerddi
fel 'Oerni Mewn Tir'. Mae ôl cywyddau Dafydd ap
Gwilym megis 'Y Rhew' a 'Mis Mai a Mis Ionawr',
cywyddau'r tymhorau, y realiti, a'r symboliath o lên
gwerin, y mae ôl y rhain ar y caniad – haen arall sy'n
cyfoethogi'r dilyniant.

Ond weithiau, y mae'r dirgel o'n blaen ar yr arwyneb –
yng nghystrawen y gweld, ar y retina. Yng ngherdd 12,
'Traethodl yr Eiliad (wrth Ffrwd yn Ste-Foy)' fe gawn un
o gerddi mwyaf gogleisiol y bardd (COG 131) Mae'r rhan
fwyaf ohonom, ar ddiwrnod clir ac oer, wedi sylwi ar y
crychiad sydyn a'r twchu wrth i haen o rew ymffurfio ar
wyneb y dŵr mewn cafn, neu'r sglein òd a ddaw ar wyneb
llyn. Profiad felly a gawn yn y traethodl hwn – y bardd ar
ei daith ddyddiol i'r coleg yn sylwi a chraffu ar y ffrwd yn
Ste-Foy ac yn disgwyl eiliad y rhew. Yn ei dull cyfoethog,
unigryw, y mae'r gerdd yn ddatblygiad o'r thema, o'r
ddrama **ac** yn ymson yn fyfyrdod ar amser. Yr oedd
'amser' yn un o'r pynciau trafod rhyngddo ef a'i gyd-
ysgolheigion ym mhrifysgol Laval – amser a'r ferf, er
enghraifft wrth chwilio y 'llwybrau-tanddaearol' mewn
iaith. Ond 'roedd hefyd yn bwnc ynddo ei hun. Beth yw'r
egwyddorion o lunio athroniaeth am amser? A ellir synio
am amser fel edefyn heb drwch? Etc. (Fe geir ymgais
uchelgeisiol i ddiffinio amser yn 'Datguddiad', *Hunllef
Arthur*.)

Y mae holl sbonc a dawns a chân y ffrwd (fe'i
personolir fel geneth ifanc lawn afiaith) am rewi. Daw i
gof un o luniau *genre* o oes Fictoria – y teulu yn y llofft
wedi ymgasglu ogylch y gwely, a hithau'r eneth ar fin
marw. Ond ni cheir sentimentaliti'r olygfa honno yn y
gerdd hon:

Ers misoedd cryf gwalltfelyn
Mor fyw ei choesau hyn.
Cyn trengi cawsant ennyd
Olaf o ddawnsfeydd y byd. (COG 132)

Y mae'n dal ar yr eiliad pan fo'r ffrwd rhwng byw a
marw:

Am foment nid oedd farw
Nac yn fyw, af ar fy llw,
Edrychai'r ddwyffordd 'run pryd.
Hylif a soled hefyd.
Ni pherthynai i'r ddaear
Nac i'r nef . . . (ibid.)

Dyma lun crwn o'r anadl olaf. Mae'r delweddu yn y darn
olaf yn dangos athrylith y bardd. Dyma binacl yn hanes
y traethodl:

Mewn barcutan o eiliad
Sy'n egluro oll yn rhad,
Disgynasai saeth heliwr
I graidd bodolaeth ei dŵr:
Fel cerdd mewn cnawd cyn sylwi
Daeth bod haearn i'w byd hi.
Pwy a hanera'r galon
A chadw o hyd ei ffurf gron?
Pwy a hyllt lif amser? –
'R Hwn a roes eu hoes i'r sêr. (COG 133)

Gellir dweud am y bardd; 'Edrychai'r ddwyffordd 'run
pryd' – nef a llawr – yr heliwr angau a'r heliwr arall,
Duw, (unplygrwydd dau) – colyn angau a saeth cariad –
eiliad beichiogi fel eiliad marwolaeth megis paradocs
bywyd – gaeaf ond gwanwyn ar ddod – bedd ac
atgyfodiad:

Dinant ydyw'r nant drwy'r tir,
Difyw, diglyw. Nes clywir
Gan gorn chwyth, neu gan oen gri
Caiff fy nhraed gerdded drosti. (ibid.)

Ond capilari, y wythïen fach, sy'n rhewi ar ddechrau'r
gaeaf – un o fân lwybrau porfeydd Ste-Foy. Pan ddaw
rhewdod i'r wythïen fawr, y rhydweli garotid, ceir *rigor
mortis* a chanol gaeaf. Yn *Macbeth*, y mae pwyslais yn y
delweddu ar oleuni, gwaed etc. yn twchu. Y mae'r diffyg

ar gylchrediad naturiol y gwaed yn arwyddo diffyg cydwybod – y mae'r sianel hon yn cau. Ceir yr un arwyddocâd i'r delweddu yn *Man Gwyn*. Dyma broses yr ugeinfed ganrif.

Yn gynyddol, fwy-fwy, y mae'r rhew yn cloi tuag at ganol nos y gaeaf. Mewn awyrgylch o oerni yr hyn sy'n gysur ac yn obaith yw cynhesrwydd perthynas – cynhesrwydd sy'n lledu; Beti, teulu, cylch o ffrindiau, gwlad a thiriogaeth, y gân. Mewn cynhesrwydd ceir hiwmor megis 'Anfon Lorri Sbwriel, Sy'n Casglu Eira (yn Llatai i Gymru o Québec)'. Ond yn y byd sydd ohoni, mae min ar yr hiwmor a rhyw dristwch heibio i wyneb y clown. Y mae 'Yr Alltud' yn swreal:

> Esgusoda fy nhraed wrth imi grogi yma
> Na chabolais mo'u hesgyrn yn ddiweddar.
> Y rhain yw fy motasau gaeaf. (COG 142)

Daw'r Nadolig. Y mae 'Caniad i Heddwch yn yr Ugeinfed Ganrif' yn fyfyrdod ar y Nadolig – cân o fawl i bridd ac i bridd y Duwddyn.

> A cold coming we had of it,
> Just the worst time of the year
> For a journey . . .
> The very dead of winter . . . ,

medd y doethion yng ngherdd Eliot, 'Journey of the Magi'. Moli a rhag-weld Gwanwyn a wna Bobi Jones – a'r canlyniad:

> Yn lle rhwymau haearn fe ddringa pry copyn trwsgl, pry copyn a edwyn ddolennau dynion, ac a ddeall mor reddfol y gwacter sy'n eu gwahanu. (COG 146)

Y mae'r gobaith 'fel paentiad un o'r meistri' – fel y paentiad mewn olew am y tro cyntaf gan Jan Van Eyck. Rhag-weld y perthyn y mae, un cylch:

> Mewn Bethlehem ddiramant, crud y cread, fe anwyd smotyn brown; a chyd-ddaw gwyn, du, coch, melyn a hwnnw'r modernwr di-liw, i ŵyro yn eu dawns ger ei fron fry, gan glymu hyd lwybrau'r ddaear wedi'r gaeaf yn enfys amryliw. (ibid.)

Ond y mae dyn, y mae bardd wedi ei gloi yn ei dŷ. Y mae'r lleuad yn y ffenestr yn adlewyrchiad o'i unigrwydd ef ei hun a'i hiraeth;

Ar hyd y ddaear mae bylchoedd iâ rhwng dyn a dyn. Yn 'Afon Sain Lawren' y mae hi'n ganol nos a pherfedd gaeaf:

> Mae'r goleuadau
> Wedi 'u datod, a Duw'n fudandod.
> Digerdded yw'r llwyfan mwy, heb ystum gwylan,
> Heb dorri dialog uwch ei ben. (COG 147)

Dyma weledigaeth mor ysgytwol â gweledigaeth John Donne yn ei gerdd 'A nocturnall upon S. Lucies day, Being the shortest day':

'The world's whole sap is sunk' meddai, gan ychwanegu, 'and I am re-begot/Of absence, darknesse, death; things which are not':

> dim ond llawr gwastad
> Dan adleisiau anwel, mor wastad â phechod.
> Mae miliwn o hoelion ynddo mor dynn yn erbyn ei gilydd
> Fel na oleua bore rhyngddynt hyd y tywyn,
> Dagrau heb wres galaru, gwaun o dwllwch gwyn. (ibid.)

Dyma bwll byd: 'Yr hyn sy'n ddychrynllyd yw mor ddwfn mae bywyd yn rhewi'. Ond hyd yn oed ar ganol nos, ym mherfedd gaeaf, o dan y rhew uffernol:

> clywaf
> Y tywod yn galw o'r gwaelod,
> Yn ysgogi
> Fel pryfyn o'r tu mewn i'w gragen, yn rhyw fân-wingo
> Fel tafod; nage, fel Nadolig bychan. (ibid. 148)

Mewn perthynas, trwy rym cariad – ac y mae'n troi at Beti yn y gerdd nesaf – daw goleuni ar ôl nos ac anadl tir ar ôl clymiad rhew. Ceir rhyddhad o garchar y tŷ – 'a'r drws yn gwichian yn ôl ei arfer Beti'. Ond er dyfod y dydd newydd, y mae'r amgyffred o'r nos ac o feidroldeb yn aros – 'yng nghalon fy nghanu mae beddrod'. (Sylwer ar deitl y gerdd fer honno i'r haul, 'Capten Caredig' – y mae'n swnio fel un o'r cymeriadau o alegori John Bunyan, *Taith y Pererin*. Y mae'n ategu ein darlleniad o *Man Gwyn* fel taith ysbrydol sy'n parhau.)

II
DAWNS Y DU

[*Nodyn Bywgraffyddol*: Cyhoeddwyd 'Dawns y Du (Dyddiadur Mis)' yn y gyfrol *Yr Ŵyl Ifori* ym 1967. Comisiynwyd y dilyniant hwn gan y BBC, ac fe'i darlledwyd Hydref 1966 mewn pedair rhan. Mae 'Yr Wythnos Gyntaf' yn cyflwyno haul a glaw Gambia, 'Yr Ail Wythnos' yn cyflwyno'r coed a'r tyfiant, 'Y Drydedd Wythnos' – yr anifeiliaid, ac 'Y Bedwaredd Wythnos' – y bobl. Cyhoeddwyd fersiwn diwygiedig o'r cwbl hwn yn COG.

Ymweliad gan Bobi Jones dros ryw ddeufis â Bathurst i ddarlithio ac i hyfforddi athrawon o'r ddwy wlad Gambia a Senegal oedd achlysur llunio'r dilyniant hwn, ymweliad a drefnwyd gan y Cyngor Prydeinig.]

*   *   *

Byd gwyn fydd byd a gano,
Gwaraidd fydd ei gerddi fo.

Dyma'r cwpled a luniodd T. Gwynn Jones ar gais ei ffrind ar gyfer Eisteddfod Ryngwladol Llangollen ac mae'r pwyslais ar y 'gwaraidd'. Y mae'n ddatganiad cryno o'i ffydd ym mhŵer y gerdd a balm miwsig. Y mae miwsig, fel yr iaith wneud honno, Esperanto, yn fodd i achub enaid Ewrop.Ond, ychydig o flynyddoedd cyn hyn, fe geir disgrifiad athrylithgar a gwawdlyd ganddo o fiwsig yr ugeinfed ganrif – miwsig ag ôl dylanwad jàs arno a rhythmau y cyfandir poeth:

Cerddoriaeth newydd fflam,
dawn awen y gelfyddyd newydd;
symudiadau fel neidiau broga,
fel araf ddoleniad neidr a lusg o lwyn ar dwyn ryw awr
    o des;
seiniau fel gelynion i'w gilydd
yn gwegian fel brwysg a gerddo â phetrus gam,
fel criau Arab a wertho'i wâr yn yr heol,
fel dringwr ysgol a chwilio am ffon i'w droed.

(*Y Dwymyn* (Gwasg Aberystwyth, 1944), 22)

Canodd Gwynn Jones y profiad yn y gerdd 'Alltudion' pan oedd ar ymweliad â Pharis, y ddinas soffistigedig a chanolfan yr *avant garde*. Er ei fod ef ei hun yn arbrofwr gyda'r mesurau ac yn arloeswr gyda sain a rhythm newydd y *vers libre*, yr oedd y miwsig hwn yn anathema iddo. Iddo ef 'roedd yn deillio o 'nwyd yr elfennau'. Y delyn ac nid y drwm, y tabwrdd a'r utgorn oedd ei ddewis offerynnau ef, offerynnau'r mesurau. Gwell oedd plaengerdd y fynachlog, y lôn goed o garreg na dawns y jwngl. Er ei fod wedi ei throi hi am y cyfandir poeth i adfer ei iechyd nid oedd am ei mentro hi at y cyhydedd. Yr oedd purdeb yr anial yn ddigon i'w ysbryd asgetig.

Fe all ecoau'r ddawns gyfleu naws wahanol fel yn niweddglo nofelen Carson McCullars, *The Ballad of the Sad Cafe* – y lleoliad yw'r Sowth a'r Amerig, ac mae'r carcharorion, saith dyn du a phum dyn gwyn, giang mewn cadwynau, yn dechrau canu fel cyfeiliant i rythm eu ceibiau:

> One dark voice will start a phrase, half-sung, and like a question. And after a moment another voice will join in; soon the whole gang will be singing. The voices are dark in the golden glare, the music intricately blended, both sombre and joyful. The music will swell until at last it seems that the sound does not come from the twelve men on the gang, but from the earth itself, or the wide sky. It is a music that causes the heart to broaden and the listener to grow cold with ecstasy and fright.

Nid cae Eisteddfod Llangollen yw'r Gambia! Fe aeth Bobi Jones i'r Gambia – fe aeth am wythnosau i berfedd y cyfandir poeth. Ond sylwer ar deitl ei gerdd, 'Dawns y Du', cynghanedd gyflawn sydd yn cyfleu ymrwymiad y bardd wrth y profiad a'r lle. Yn waelodol, fe geir ymateb crwn a chadarnhaol efallai i gyfandir estron, newydd.

Fe geir 'lleisiau' yng ngherdd T. S. Eliot, 'The Waste Land', ond mae'n siŵr fod 'Choruses from "The Rock"' oherwydd natur gyhoeddus y ffurf, sef pasiant, yn fwy o ddylanwad o ran ffurf ar ei gyfoeswyr – yn enwedig y llenorion hynny a oedd am ysgrifennu ar gyfer y cyfrwng newydd, y radio. (Bu'r radio yn gyfrwng newydd ac addas i feirdd yn y tridegau.) Achub y cyfle a chymryd mantais o'r cyfrwng a wnaeth Saunders Lewis gyda'i ddrama/ gerdd radio, *Buchedd Garmon* – yr union ddull a ddefnyddiodd W. H. Auden yn ei gerdd hir, 'The Age of Anxiety': a cherdd radio mewn pros yw *Under Milk Wood*.

'Roedd hyn oll yn ddylanwad neu o leiaf yn gefndir ffrwythlon i'r beirdd yng Nghymru elwa ohono. O'r pumdegau ymlaen 'roedd pryddestau radio a oedd yn cynnwys 'lleisiau' yn boblogaidd megis 'Jezebel ac Elias', Gwenallt. Cerdd yn y confensiwn hwn yw 'Adfeilion' T. Glynne Davies, ac yn fwy fyth felly ei gerdd o leisiau, 'Y Ddawns'. Cerdd sydd yn defnyddio 'lleisiau' yw 'Dawns y Du' ond yn y cyswllt hwn y mae'r ffurf, yn ogystal, yn adlewyrchu traddodiad y lle, traddodiad y cyfandir. Traddodiad llafar yw prif draddodiad llenyddol y gwledydd i waered o'r Sahara. (Nid Arab ond blac yw Bobi Jones ar brydiau yn y gerdd hon.) Gwyddom am bwysigrwydd y portread yng nghanu Bobi Jones. Canolog yw'r portread a phortreadu i gosmos y dyn du a hynny cyn bod dylanwad y Gorllewin ar gael. Ceir portreadu yng ngherfluniau brons Benim – ar y llaw arall, ac yn gyffredin, y masg wedi ei lunio o bren. Bu rhai o'r masgiau hyn, masgiau'r Ouobe yn ddylanwad ar Picasso pan oedd wrthi'n llunio 'Les Demoiselles d'Avignon'.

Yn y bôn, y mae'r canu a'r dawnsio brodorol yn y traddodiad mawl. Y traddodiad mawl yw traddodiad y dyn du yn Affrica:

> The chants and dances at religious, social and domestic ceremonies were actually poems . . . However, the context of African traditional poetry was quite clearly defined, comprising the unwritten history of clans, families and tribes, and expressing conquests, defeats in battle, the praise of ancestors and chiefs, the description of social and family life, religious beliefs and the explanation of the phenomena of nature.
>
> (Yr adran 'Negro Poetry' – *The Princeton Encyclopedia of Poetry and Poetics*, New Jersey.)

Sylwer ar 'the explanation of the phenomena of nature' – yn 'Dawns y Du' mae lle amlwg i ffenomena natur a thywydd ac y mae'r esboniad o'r glaw trwm, er enghraifft, yn closio, ar un wedd, at ddirnadaeth frodorol o'r ffenomenau:

> Jacaliaid sydd yn brwydro
> Mewn cwmwl uwchben y fro,
> A ffrydia o'u chwarennau poer
> Ddafnau llysnaf a glafoer,
> Disgyn chwys yn dasgion chwyrn,
> A chlywir malu'r esgyrn. (COG 180)

Y mae'r personoli hefyd yn debyg i ddefnydd o'r masg yn y ddawns fygydog. Mae 'na dynnu coes am y dull hwn a hynny'n enwedig yn 'hanes' dyfodiad y mangrof i Affrica:

> Does gen i ddim syniad beth a ddwedodd
> Gwesteiwraig yr awyren pan benderfynodd
> Y mangrof ei bod hi'n bryd iddo
> Adael Cymru a chwilio am dywydd
> Mwy dramatig. (COG 183)

Ac ar ddiwedd y 'chwedl' ychwanega:

> Myfi, Bo-bi sy'n dweud ei hanes
> O lwyth y Jo-Nesïaid, gŵr digri . . . (COG 185)

Ac mae'r hiwmor yn blwyfol a phlentynnaidd iach a llawen fel pe bai'r bardd yn canfod perthynas rhwng hiwmor y brodorion lleol a hiwmor Talwrn y Beirdd!

Y mae fel petai deuoliaeth yn nheitl llawn y gerdd – 'Dawns y Du (Dyddiadur Mis)' – cynghanedd a dychymyg ar y naill law ac ar y llall sylw ffeithiol fel gan glerc. Y mae ffurf y gerdd fel pe bai'n dilyn cyfarwyddyd yr is-deitl – ceir pedair adran: 'Yr Wythnos Gyntaf', 'Yr Ail Wythnos', 'Y Drydedd Wythnos', 'Y Bedwaredd Wythnos' – ond mewn gwirionedd gellir 'darllen' y ffurf nid fel wythnosau dyddiadur ond fel pedair cainc rhyw fabinogi neu bedwar defnydd ei fydysawd. Amlygir hyn hefyd yn y disgrifiadau gwrthgyferbyniol o'r haul a'r glaw ar y naill law a'r goedwig ar y llall: 'daw fel cloc, ac nid yn flêr / Fel yng Nghymru' – dyna'r haul yn beiriannol ei ymddangosiad – ond y mae'r goedwig yn hollol wahanol 'Neb ni wêl ddechreuad cangen; / A thros y diwedd mae'r dail yn llen'. O sylwi ar un ddelwedd, sef y grafanc, ceir

yr un darlun gwrthgyferbyniol. 'Uffern ar adain' ydyw'r
haul:

> Uffern ydyw a'i ffwrnais
> Yn hedfan gyhwfan: fe gais
> Estyn ei chrafangau llym
> A gafael ynom. Cyflym
> Ei hewinedd i gydio
> Yn nillad rhacsiog y fro. (COG 179)

Arall yw'r fforest:

> Mae'i chrafangau ar led
> Fel breichiau mam. (COG 181)

Y mae'r ddeuoliaeth mor glir â'r gwahaniaeth rhwng
y gwrywaidd a'r benywaidd fel y'i ceir yn y gerdd
'Rhiannon' neu ''Rwyt ti f'anwylyd sanctaidd yn llawn o
ryw'; mae fel y gwahaniaeth rhwng y *pebble* â'r *clod* yn
nhelyneg Blake, 'The Clod and the Pebble'. Yng ngherdd
Bobi Jones, y mae'r ddawns, y tabwrdd a'r drwm yn
gysylltiedig â'r glaw sy'n chwipio'r llawr, yn glawio hen
wragedd a ffyn:

> Glaw, glaw o wddw'r awel
> Boera'n ddilyw ddiliau mêl.
>
> Tery'r dyfroedd i'n dirboen
> Fel bysedd ar dabwrdd croen.
> Trwm, trwm ar y drwm yw llaw
> Y cwmwl gwyn a'i ffynlaw. (COG 180)

('Wn i ddim am hen wragedd ond mae digonedd o ffyn
yma.) Ond y mae'r glaw hefyd a'r drwm ynghlwm wrth yr
haul, fel curiad cyflym y gwaed, egr a gwrywaidd:

> fe ddisgyn y glaw yn ffynnon
> O heulwen hylif, o oleuni dŵr,
> Arian mân o bocedau'r Crëwr (COG 179)
>
> (Cymh. 'rainy hammer', Dylan Thomas)

drwm, ond nid o groen asyn! Yn *The Heart of Darkness*,
nofelen Joseph Conrad, y mae Marlowe yn gwrando:

> At night sometimes the roll of drums behind the curtain of
> trees would run up the river and remain sustained faintly,
> as if hovering in the air high over our heads, till the first

break of day. Whether it meant war, peace or prayer we could not tell.

Fel Conrad, yn y rhan gyntaf y mae'r bardd yn paratoi ac yn gosod ei lwyfan – y tywydd 'mwy dramatig' er ein mwyn. Creu awyrgylch y lle y mae ar gyfer drama. Defnyddia'r traethodl – fe ddefnyddiwyd yr un mesur yn arloesol yn *Man Gwyn* – ac mae'n dyfalu'r haul:

> Calon lydan: gwythiennau'n
> Hongian ohoni ar daen
> Amdanom gan hir-bwmpio
> Ffrydiau o'r uchel fro. (COG 178)

Bloesg, egr a grotesg yw'r delweddu, a hynny'n creu awyrgylch eithafol y lle ac eco y drwm noeth o hyd yn y cefndir – dyma gyfandir y deuoliaethau: tywod a choedwig, goleuni a thywyllwch, bwrlwm rhyw a thrais, yr had a'r gelain, y dwrn a'r cyffyrddiad tyner – mewn gair, Affrica! Ond yn wahanol iawn i weledigaeth Conrad, fe geir hiwmor ac arabedd – nid hiwmor ac arabedd y bardd yn unig, ei ymateb felly, ond arabedd fel nodwedd o'r lle ac o'r cyfandir – yr hyn sy'n amlwg megis yng nghrochenwaith doniol, symbolig a dwfn y dyn du. Dyma le o egnïon gwrthgyferbyniol a barddoniaeth lawn paradocs. Y mae pob llais ar wahân ac eto'n ymdoddi. Fe all llais y ferch (yn nechrau'r gerdd) swnio fel llais merch o'r Gambia – yna wedyn y mae hi'n ferch o Gymru pan yw'n sylweddoli na all fod fel y creadur rhyfedd hwnnw, y cameleon.

Yn *Man Gwyn* ac yn 'Dawns y Du' y mae'r bardd yn arloeswr gyda'r traethodl. Ei batrwm, mae'n siŵr, yw traethodl Dafydd ap Gwilym, yr ymryson, 'Y Bardd a'r Brawd Llwyd'. 'Roedd math o ddyfalu yn bodoli'n gynnar yn ein barddoniaeth ond go arbennig yw'r defnydd o ddyfalu mewn cywydd. Ond a oedd yn rhan o lun y traethodl? Nis ceir yn nhraethodl Dafydd. Efallai mai Bobi Jones oedd y bardd cyntaf i gymhwyso dyfalu at ddibenion y traethodl. Yn aml mewn cywydd y mae'r dyfalu ynghlwm wrth gymeriad llythrennol – y dychymyg yn rhydd ond y sain tan glo – cwlwm o ryddid,

31

llwybr planed goll – trobwll yn llif y naratif! Hwn oedd y
fforest, y goedwig a'r jwngl ymysg pensaernïaeth, y
bensaernïaeth glasurol. Wrth ddyfalu, y mae'r isymwy-
bod byth a hefyd yn bygwth. 'Na fyddwch swil / Eich
moesau pert,' medd 'Llais Merch'. Y mae'r dyfalu yn ffitio
i'r dim ac yn cynnig rhyddid i'r dychymyg a'i ddrws yn
agored led y pen a hynny tra bo cadwynau'r haul megis
condemniad, fel cylch ar wahân ond eto o fewn seilam y
ddawns:

> Dawnsiwn dan guriad rhythmau
> Hyrddiau tabyrddwr na thau;
> Dawnsiwn, mae'r cur yn gyrru
> Cam ar ôl cam. Ar bob tu
> Disgyn y traed fel eco
> Trwst y tabyrddwr o'i go.
> Dawnsiwn. Mae'r drwm yn mynnu
> Chwipio'r cyd-symudwyr du.
> Ar gefn caethion ei alaw
> Fe gyrlia llinynnau glaw.
>
> (h.y., fel gwrymion ar ôl y chwip) (COG 180)

Yn nechrau'r ail ran, fel map islaw, y mae cyfandir – yr
anial maith ac yna'r 'fforest ddi-ffin'. Y mae'r llais sy'n
gwahodd yr ymwelwyr o'u tŵr ifori, o'r awyren, fel llais
tawel un sy'n temtio – 'Dewch i lawr'. I lawr i ble? I lawr
i 'dwll dychrynllyd a du / Y coed, fel i bridd, fel i grombil /
Y ddaear losg'. 'Rydym yn ymwybodol o wres ac y mae un
llinell yn crynhoi'r awyrgylch a'r sefyllfa i'r dim: 'A'r
gwres am fwyd eich ysbryd chi fel boldduw'. 'Rydym yn
Affrica ond sylwer mor gelfydd y mae'r bardd o bryd i'w
gilydd yn dwyn ei wlad ef ei hun i mewn ac yn
cyfoethogi'r gweld:

> Dewch i lawr; teimlwch
> Lofa glymedig yn wybren lwch
> Am eich pen; a llen lefn y waliau
> Wrth i chi gael eich gollwng, yn cau. (COG 182)

Rhyfedd fel y mae caets y pwll glo yn troi'n gaets mewn
sw!

> Rhwng barrau'r brigau ymwthia trwyn-
> -Au nadredd, newydd-greu sy'n cynllwyn.

Yn erbyn dellt, mae anifeiliaid
Yn sbio ar ymwelwyr: fe naid
Y jacaliaid i'n hastudio ni
A babŵns i wylio ein gwallgofi.
Diddanwch ydym; a'n rheswm clau
Yw eu miri cyfrin am oriau.
Tu mewn i gaets y goedwig gydglo
Ymlusga criw sy'n mynd o'u co. (ibid.)

Y mae hyn yn llun o sefyllfa'r ymwelwyr neu felly y mae'n ymddangos, ond mae'n ddisgrifiad sy'n tanlinellu mai'r bardd ei hun sydd am gael ei chwilio – y mae pob lens arno ef – mae fel petai mewn labyrinth ar goll a than glo, ''rydym ni'n clywed dawns y dwnsiwn'.

O hyn ymlaen, y mae'n manylu ar nodweddion planhigion a choed, creaduriaid a phobl y lle. Ar y naill law, dyma gyfres o gardiau post i'w danfon yn ôl i Gymru, ar y llaw arall dyma oriel o bictiwrs sydd yn cau am yr ymwelydd ac yn ei wasgu fel nyth nadredd. Y mae'r doniol a'r dwys, y ffars a'r tyndra ynghlwm. Ceir chwedl lawn hiwmor am y mangrof ond fe'n hatgoffir mai mewn cors y mae'n ffynnu. Y mae rhyw wacter neu arwynebedd yn gysylltiedig â'r planhigion a'r coed hyn;

Yma eisteddodd y mangrof
Yn ymyl y safana, fel bardd
A'i wreiddiau i gyd yn y golwg. (COG 184)

Ac yna, y Palmwydd:

Ni welwn o hyd ond cefn, wyneb bytholgefn
Yn wal tuag ataf, fel iâ parhaol. (COG 186)

Ac yn olaf, y Pren Baobab:

Ac yn ei galon nid oes dim. Dim ond twll;
Pwll yn lle tynerwch, cadernid diberfedd,
Fel diwylliant America yn wag i gyd yn ei galon. (COG 187)

Ceir portreadau gwrthgyferbyniol o'r balmwydden a'r pren baobab – y naill yn wyryfol oer a'r llall fel pe bai'n ymarfer polygami. Fe geir hefyd ar brydiau ddychan deifiol mewn dull awgrymog o ymarweddiad y dyn gwyn a choegni brathog am ei statws yn Affrica. Mae'r tapestri yn weddol gymhleth, ond i mi y mae rhyw lwydni

pwrpasol yn y portreadau o'r coed a hefyd yn llwch y
ddinas sydd ar gyrion y goedwig. Rhyw wacter ystyr
mewn du a gwyn fel *film noir* ond sydd ar yr haen
ddyfnaf yn sblout o liw. Yn y goedwig gyda'i chreaduriaid
mae'r lliw a'r ddrama. (Mi wnaeth Eisenstein ddefnydd o
ffurf a thechneg gyffelyb yn ei ffilm olaf!)

Daw'r ddawns i'w hanterth yn 'Y Drydedd Wythnos'.
Yma yn y goedwig fe geir uchafbwynt (ac iselbwynt) y
gerdd – yn llythrennol felly hefyd – po uchaf y coed,
dyfnaf y pwll, y gell a'r dibyn. Gyda'r mwncïod, dim ond
pan ddaw'r 'is-fwnci odanynt' a'i 'styrbio y ceir curiad y
ddawns gynhenid ond ar ei gwedd newydd – 'ac mae
bomiau'u traed triw yn diferu difyrrwch'. Gyda'r
creaduriaid hyn y sylweddolir, am y tro cyntaf,
gywreinrwydd ym miwsig a dawns y lle – 'a'u bysedd
pianydd yn gafael ym miwsig y coed'. O fewn eu byd, 'cyn
belled ag yr ymestyn y dail' maent mor gytûn, fel teulu
yn eu tŷ neu gymdeithas wâr mewn plwyf delfrydol.
'Rydym yn amgyffred sancteiddrwydd y lle a'r ddawns,
fel yn ffilm John Boorman, *The Emerald Forest* (1985):

> Megis yr ymffurfiwn ninnau gartre o gylch y tân neu'r
> teledu, felly yr eisteddent hwy, a'r awyr iach yn y canol,
> mor seremonïol, mor ddefosiynol, gan wybod hyd a lled y
> gofod oll. (COG 187)

Y mae'r goedwig ei hun a fu'n peri gymaint o ofn yng
nghalon y gogleddwr (ac yn symbol mewn llên a llun o
Dante hyd at Max Ernst yn y traddodiad Ewropeaidd) yn
llawn o liw sanctaidd. Mae'r haul dirdynnol, didostur
wedi ei weddnewid. 'Rydym yn ymwybodol o oleuni'r
ffenestri lliw mewn eglwys gadeiriol! Dyma'r mwncïod:

> ymdaflent fel sêr oren a brown i blith carped Persaidd sy'n
> hongian mewn awyr.

Â'r bardd yn ei flaen – 'Ai fi sy'n eu gwylio nhw, ynte nhw
sy'n fy ngwylio i'. Yn sicr, gyda'r llais nesaf, y mwncïod a
ninnau sy'n craffu ar y bardd. Yn sydyn, (er bod yr
awyrgylch o drais wedi ei osod ar ddechrau'r gerdd) a'r
fforest wrth weddi, i'r lle sanctaidd hwn daw bygythiad –
ai bygythiad y sarff fel yn Eden neu ynteu'r diawl a'r

34

cythraul mewn dyn, mewn bardd? Y mae'r bardd yn ymosod yn ffyrnig ar y python brenhinol:

> Ac fe fwriais i dy gyfarch â'r ffon,
> Ddwywaith, ddengwaith, ganwaith, heb gyfri.

Fe ffodd fy nhrugaredd am funud gyfan:

> 'Roedd fy nynoliaeth oll yn fâl; a dim ond
> Taro, taro, taro oedd fy nghalon. (COG 188)

Mor debyg yw rhythm yr ailadrodd i 'at y gwyll, at y gwyll', at y gwyll' yn 'Cân Ionawr' ond mor wahanol i'r gemau a'r diemynt, i'r gân nefolaidd, yw clai du y pechod gwreiddiol. 'Ai ceidwad fy mrawd ydwyf i?' Profiad y man a'r lle yw hyn:

> Ni wyddwn gynt yr elyniaeth hon a losgai
> Fy llygaid i fel haul cyhydedd.
> Gafaelai fy nannedd mewn chwerthin
> Wrth i mi chwalu dy ben mawrhydig
> Yn gaws gwaedlyd ac yn geg i gyd. (COG 189)

Fe aeth y bardd hwn gam, ond cam mawr hefyd, ymhellach na D. H. Lawrence yn 'The Snake';

> And voices in me said. if you were a man
> You would take a stick and break him now, and finish
> him off . . .
> was it cowardice, that I dared not kill him?

Y mae cyfatebiaeth rhwng y cerddi a gwahaniaeth hefyd – y mae ymateb Bobi Jones yn fwy eithafol. Y mae wedi llofruddio lliw'r cread megis halogi'r eglwys! Yn nofelen Conrad y mae Marlowe am ddod wyneb yn wyneb â Mr. Kurtz. Yn y jwngl, y mae'r bardd yn cwrdd â'i *Doppelganger* – yr Efnisien ynom:

> Ond wrth i mi sychu dy groen heddiw
> Yn fag addewid, 'roedd fy nghof yn holi –
> Ble ciliodd yr orymdaith emrallt?
> Beth a ddigwyddodd i'r haul a drawai
> Symbalau diferog ar hyd dy gefn?
> Sut pallodd ermin d'afon wastadeddog?
> A beth wnes innau'r credadun mawr-dosturiol
> Wrth honni caru creaduriaid cu fy Nhad? (COG 189)

O'r profiad hwn efallai y deillia ei ddiddordeb ysol yn yr

amgylchfyd (rhywbeth llai na hyn a geir yng ngherdd Lawrence – 'And I have something to expiate: / A pettiness.') Yn ei gerdd yntau, y mae Lawrence yn cofio am yr albatros yng ngherdd Coleridge;

> And I thought of the albatross,
> And I wished he would come back, my snake.

Yn y gerdd honno, 'The Rime of the Ancient Mariner', y mae'r 'Wedding Guest' ar ôl gwrando ar hanes y 'Mariner' wedi ei drawsnewid:

> A sadder and a wiser man,
> He rose the morrow morn.

Ond yn 'Dawns y Du', Bobi Jones yw'r 'Mariner' – ei brofiad ef ei hun ydyw. (Rhaid cofio iddo yntau, y 'Mariner', gael gwared â phwysau'r albatros a fu'n iau am ei ysgwyddau, wrth fendithio seirff y dŵr) Sylwer mor gelfydd yw saernïaeth y gerdd. Yn union ar ôl 'Python' y mae rhan fer 'Cameleon'. Yn dilyn y gwarth o ladd un o greaduriaid lliwgar y goedwig, y pechod a'r edifeirwch, fe geir y portread o'r creadur hwn. Llais y ferch a glywir, llais a fu'n frodorol cyn hyn ond yma y mae hiraeth y bardd am ei wreiddiau solet ac nid cyfnewidiol, fel lliw'r cameleon, y mae hynny'n 'lliwio'r' llais. 'Un lle yn unig / Yw'r lle y mae fy lliw yn ffitio'. Ond yn isleisiol a chyfrwys mae megis glòs ar goll lliw – ni all (a'r ferch sy'n lleisio) ddod yn rhan o gyfoeth lliwgar y lle – un twnel sydd i'r gweld.

Er bod y bardd, neu ei bersona yn y gerdd, wedi cael y profiad o fod yn stond mewn cors (cors pechod) nid yw'n canu mewn gwagle – mae cyfatebiaeth a pherthynas ffrwythlon rhwng profiadau beirdd ar hyd yr oesau. Mae perthynas gudd rhwng 'The Rime of the Ancient Mariner', 'The Snake', 'Dawns y Du' a bestiari o'r Canol Oesoedd, dyweder, lle ceir creaduriaid emblematig, symbolig (a byw) yn crwydro storïau alegorïaidd a pherthynas rhwng y rhain a chreaduriaid Llyfr y Datguddiad a thu hwnt yn ôl at greaduriaid lliwgar yr ogofâu yn Altemira. Mae traddodiad a thraddodiadau yn lliwio'r dychymyg yn ogystal â phrofiad personol. Rhaid wrth wybodaeth ac addysg (er bod Lawrence yn poeri wrth glywed y gair olaf).

Yn 'Y Drydedd Wythnos', y mae Bobi Jones yn closio ychydig at Charles Baudelaire. Rhaid cofio bod hen nain i'r bardd yn Ffrances a'i fod wedi bod am flwyddyn yn Québec. Mae cysylltiad agos rhwng dyhead y dyn du am ei iawnderau a hanes y gwladfeydd Ffrengig a Ffrainc ei hun. Toussaint-L'Ouverture, y caethwas o Haiti oedd y dyn du cyntaf, hyd y gwn i, i arwain gwrthryfel llwydd-iannus am ryddid yn niwedd y ddeunawfed ganrif (gweler soned Wordsworth iddo ar ôl iddo gael ei gaethiwo). Ac onid ym Mharis ('rydym yn ôl gyda T. Gwynn Jones a'r 'ddawns anwareiddiedig') y bathodd Aimé Césaire y term *Négritude* (gyda bendith Sartre) ar ei chyfer. Hyn oll, ond mae'n debyg mai cydnabyddiaeth Baudelaire o'r pechod gwreiddiol a'i fawredd fel bardd sy'n swyno Bobi Jones:

> Mewn canrif, yn enwedig yr hanner olaf ohoni, pan gredai dynion yn naioni'r natur ddynol, pan oedd gwyddoniaeth ac addysg yn grefydd, pan gerddai dynion at berffeithrwydd ar hyd ffordd cynnydd a datblygiad, pan oedd eu diwinyddiaeth yn Rhyddfrydol, darganfu Baudelaire un peth pwysig – pechod – y pechod gwreiddiol.
>
> (Gwenallt, ysgrif yn *Credaf*, J. W. Roberts (gol.), Gwasg Gee, Dinbych, 1943.)

Ar ôl 'Cameleon' cawn bortread athrylithgar – 'Y Fwltur (o Adardy Baudelaire) a'r Bardd':

> 'Rwyf finnau pan eisteddef ar frig coeden
> Yn hyll fel Satan, a bwytâf o hyd
> Gig creaduriaid, yn arbennig dynion.
> Chwilotaf faw'r greadigaeth. Nid oes dim byd
> Lle nad ymwthia fy ngham big yn bâl;
> Yna pendronaf a'm moelni wedi suddo
> Yn nyth f'ysgwyddau fel neidr noeth mewn gwâl
> Dywyll hyd fachlud golau wedi'i gyrlio;
> Ond pan ehedaf, ac estyn dros y llawr
> F'adenydd du, fy ngweddïau llydain,
> Fy nghyfeillgarwch, a'm cusanau mawr,
> Fy ngherddi pluog uchel ar eu hadain,
> Mi wn – hyd graidd Sahara – nad oes awr
> Pryd nad wy'n derbyn uchod bopeth persain. (COG 190)

Sylwer, am y tro cyntaf yn y gerdd, mai monolog gan y
Fwltur a geir. Y mae'r defnydd o'r person cyntaf yn asio'r
deryn wrth y bardd. Felly y mae Baudelaire, yn ei gerdd
'L'Albatros' lle mae'n unioni stad y bardd yn y byd sydd
ohoni â thynged yr albatros:

> A'r bardd fel brenin y cymylau fry
> Farchoga'r daran a sbarduno'r mellt,
> A hercia'n dindrwm lle mae rhaffau'r llu
> Yn rhwymo'i adain ar ei fron yn ddellt.
>
> (cyf. Gwynne Williams, *Pysg*)

Fel mewn cerddi alegorïaidd eraill ganddo, y mae'n
agosáu at symbol. Ar ôl iddo gyfansoddi'r darn y
sylweddolodd Bobi Jones fod gyfatebiaeth rhwng ei ddull
a dull Baudelaire. Yn isymwybodol, y mae'n closio ato.
Gellir tybio bod yr un awyrgylch, yr un trydan sylfaenol
yn effeithio ar y caniad cyfan, e.e. cerdd bros yw'r darn
am y mwncïod ac y mae'r litani o gwestiynau sy'n
dechrau, 'Beth wnei di am yr anifeiliaid' yn f'atgoffa, o
ran ffurf, o 'Les Litanies de Satan'. Y mae'r defnydd o'r
ffurfiau hyn, y ffurfiau Ewropeaidd, yng nghanol cerdd
sydd yn mawrygu'r traddodiad llafar yn adlewyrchu i'r
dim un o themâu'r gerdd, sef meddylfryd a sefyllfa'r
ymwelydd o'r gogledd yn y cyfandir poeth. Yn rhan
gyntaf 'Python' gwelir gwireddu geiriau'r ferch: 'Na
gwres yw: / A'r gwres am fwyd eich ysbryd chi fel
boldduw' – gwelir llid y dwymyn – dyma le cloëdig heb le
i'r ysbryd a'r ysbrydol i anadlu. Ond ar ôl edifarhau, daw
newid. Mae naws ysbrydol i chwechawd y soned.

Tanlinellir hyn yn yr adran sy'n dilyn 'Y Fwltur a'r
Bardd' sef 'Noson yn Affrica'.

> Ond cyn i mi ddod i Affrica wyddwn i ddim oll
> Am bosibilrwydd seiniol y nos,
>
> . . .
>
> Nac fel y mae brogaod ac adar yn gallu cystadlu
> Mewn symud popeth a all gadw sŵn,
> Dodrefn y glaswellt, y tuniau a guddiwyd
> Tu fewn i ddail, fiolinau boncyffion y llwyni,
> A phob darn o haearn sy tan ddaear,
> Fe'u tynnant i'r golwg i gynnal
> Jamborî clustladd y nos.

Ond tu ôl i'r trwst gellir clywed hefyd
Dôn, megis tu ôl i Angerdd ambell waith
(Coelcerthi anhygoel anarchaidd) y gellir dirnad
Celfyddyd amserffurf y galon. (COG 190-191)

Tu ôl y ddawns fyddarol yn y nos ceir melodi a phatrwm cân tu hwnt i'r caos, a dwyfoldeb nid ar dalcen ond yn y galon – a dimensiwn ysbrydol lle bu 'wybren lwch'. Yn 'Y Bedwaredd Wythnos' daw'r bardd yn ei ôl at ei gyd-ddyn – ceir dychan a mawl yn ei bortreadu – ond daw bardd hefyd sy'n ddigon sensitif i elwa ar ymarweddiad y distatlaf o'i frodyr, y gwas:

Fy ngwas dioddefus, gad i'th ddüwch llawn, –
Fel dail prysgwydd Safanna sy'n haen
Amdanat ti'n disgleirio o'u hanner prynhawn, –
Roi i minnau'r ddawn o amau,
I minnau weld – yn llithran drwy fy nglaswellt
Fy hun, yn unlliw â thlysni'r cawn
Ac yn dawel fel y nef, – y neidr. (COG 192-3)

Y mae ei brofiad o'r python, fel carreg i ddŵr, yn creu cylchoedd! Y mae ei brofiad o'r lle ac o'r ddawns yn 'llunio dyn'. Er mai 'Python' yw uchafbwynt y ddrama, i mi, y darn gogleisiol sy'n rhoi stamp cerdd fawr ar y cyfanwaith yw'r soned. Saif y gerdd yn blwmp yn y canol ac eto'n ddirgel ar wahân megis arwyddlun o baradocs y cread: corff/enaid, realiti/delfryd, uffern a nef. Gwyddom am y plymio a'r plygu, ond gadawn y bardd yn nofio ar y thermal!

III

DIEITHRYN YM MECSICO

[*Nodyn Bywgraffyddol:* Cyhoeddwyd 'Diethryn ym Mecsico' yn y gyfrol *Allor Wydn* ym 1971. Fe gyhoeddwyd diwygiad o'r gerdd wedyn yn COG.

Ar wahoddiad y Swyddfa Gymreig trefnwyd i Bobi Jones ymweld â Dinas Mecsico yn ystod y gemau Olympaidd ym 1968. Yr oedd i gynrychioli Cymru yn yr hyn a elwid yn 'Olympia Barddonol Rhyngwladol'. Ond methwyd â chynnal y cyfarfodydd hynny oherwydd reiat aruthr gan fyfyrwyr ynghylch sefyllfa gymdeithasol a gwleidyddol y wlad. Cyn gwybod am yr helbulon hyn, y noson gyntaf yno, diffygiodd ysgyfaint y bardd, trawyd ef yn wael iawn a bu'n rhaid i'w wraig Beti fynd ar frys i fod gydag ef. Seiliwyd y dilyniant hwn ar y profiad trawmatig hwnnw.]

*   *   *

Y mae'r darn arian, y *peso*, yn llyfn yn y llaw ac ôl gwisgo arno fel pe bai wedi ei fodio gan aneirif fysedd garw a gwerinol. Ond i'r llygad y mae cynllun y bathiad yn ddigon eglur – ar y naill ochr ceir llun o'r haul a'i belydrau ac ar y llall ceir llun eryr, sy'n debyg i un o'r eryrod a welir yn nofio'r thermal ar gyrion y Sierra Madre. Y mae'r eryr yn bwrw golwg dros ei deyrnas, sef dyffryn eang y canoldir, *Valle de Mexico*. Bywyd a marwolaeth, yr haul a'r eryr ac ymyl tenau yn unig rhyngddynt. Mecsico! Mae bys a bawd ofergoelus yn taflu'r darn wyth. Beth yw ei dynged heddiw? Pa wyneb sydd yn syllu'n ôl o'r llwch – ai'r tu blaen ynteu'r tu chwith? Gwylia dy gefn, Leon!

Wyth ar hugain o flynyddoedd ar ôl hyn, ym mis Hydref 1968, yr oedd gŵr arall, mwy radical, yn landio yn Ninas Mecsico ar gyfer cynhadledd o feirdd a llenorion o bwys, Olympiad o fath. Wrth ei gwt yr oedd gelyn a oedd

BOBI JONES – Y CANU CANOL

yn fwy penderfynol na'r K.G.B. Ond nid oedd hap-
chwarae yn y patrwm. Cawn gnewyllyn yr hanes yn y
cyflwyniad (COG 212):

> Cyflwynedig i Senora Purificación Calvillo a ddywedodd:
> 'Nid fi a'i gwnaeth hi, ond Duw'.
>
> (MAE'R DILYNIANT HWN O GERDDI'N YMWNEUD AG
> YMWELIAD A WNAETH Y BARDD YN HYDREF 1968 Â DINAS
> MECSICO. YN YSTOD YR YMWELIAD HWNNW, OHERWYDD
> UCHDER Y DDINAS A PHRINDER OCSIGEN YNGHYD Â
> THUEDDFRYD ARBENNIG YN ANIANAWD Y BARDD BU AR FIN
> MARW. ACHUBWYD EI FYWYD DRWY GYFRWNG GWRAIG
> IFANC A OEDD YN GWEITHIO YNG NGWESTY DEL PASEO, SEF
> PURIFICACIÓN CALVILLO. MYFYRDOD A LUNIWYD
> WEDYN MEWN GWENDID YNG NGWELY'R CLAF YW'R
> DILYNIANT HWN O GERDDI)

Anaml y ceir nodyn neu ddyfyniad o flaen cerdd gan y
bardd hwn, hyd yn oed uwch y cerddi hir megis *Hunllef
Arthur* a *Chwythu Plwc*. Ond saif hwn o'n blaen fel pe bai
wedi ei osod yn y garreg gan saer maen lleol a fu'n
crwydro'r Basilica de Guadolupe a'r Palacio de las Bellas
Artes er mwyn cael ysbrydoliaeth. Y mae mymryn o
rodres y dull Baróc-Sbaenaidd yn nhymer y cŷn. Ai
carreg fedd angau ydyw? Y mae'r maen (o'r Graig) wrth
gefn tra bo'n myfyrio ac ysgrifennu mewn cyflwr eiddil
iawn.

Y mae'r gerdd gyntaf, wirebol, gyda'r is-deitl '(Y Daith)'
yn creu'r awyrgylch ar unwaith. Mae'r gyfeiriadaeth,
mewn ffurf a deunydd, yn ddigamsyniol, sef at Ganu
Llywarch Hen a Chanu Heledd, neu'n fwy penodol, at
'Gân yr Henwr' a 'Stafell Gynddylan':

> Awyren lwyd yn ei dal ei hun
> Oddi wrth y tir fel morwyn.
> Ofna nen: ni fyn ddyn.
>
> Awyren lwyd ym mwgwd wybren,
> Beth ydyw hi? Hi hen.
> Crina yn Hydref absen. (COG 212)

Hon yw'r daith at y goror, am y ffin a thua'r terfyn. Y lle
diffaith yw ei chyrchfan. Y mae'r awyren yn hedfan tua
Mecsico ond y mae, hefyd, yn mynd i ebargofiant. Ceir

41

pedair cerdd sy'n ymdrin â hedfan – y nofio yn y dimensiwn arall hwnnw, ar wahân. Y mae dwy swydd i'r cerddi hyn, a dau amser – y mae dau lun ynddynt, y naill wedi ei arosod ar y llall. Yn y naill ceir y profiad o hedfan a hynny ar daith benodol. Yn y llall ceir y teimlad o fod o fewn croen yr awyren sy'n suddo, megis llun o'r teimlad a'r ymwybyddiaeth mewn corff sy'n gorffen, wrth wynebu angau. Fe all 'llwyd' olygu bendigaid, canys sanctaidd yw'r daith yn y pen draw, ond y lliw 'llwyd' sydd amlyca – lliw'r cnawd heb ocsigen neu groen awyren mewn cwmwl. Nid symbol arwynebol yw hyn i'r bardd hwn o gofio am ei brofiad o'r bomio yng Nghaerdydd yn ystod yr Ail Ryfel Byd. Yn 1968 'roedd yr awyrennau B2 yn gollwng y bomiau nepalm ar bobloedd a thiroedd Fiet-nam – h.y., y mae rhesymau ychwanegol sy'n clymu'r 'awyren' wrth gorff o bechod a drewdod. Mae'r gerdd a ddaw bron yn union o flaen y dilyniant 'Dieithryn ym Mecsico' yn dyst o hyn, sef y gerdd 'Awyren':

> Cheir mo fychander cân na chrynhoi ganddi'r gemau
> O fore am fod sŵn negyddiaeth ar ei llif:
> Cabla'r cwbl; poerad yw'n erbyn moli; a hed hi fel petai'n
> Ffoi rhag clywed ei chreadigaeth ei hun. (COG 202)

'Mae fy nwylo mor fawlyd' – dyna gyffes y bardd yn y bumed gân o'r dilyniant. Digon tebyg yw Lowell yn ddiweddarach, yn niwedd ei gyfrol *The Dolphin* yn y soned gyda'r un teitl:

> my eyes have seen what my hand did.

O'r pedwar dilyniant sy'n corffori taith, hwn yw'r dilyniant gyda'r ffocws mwyaf clir ar y mynd a'r dod ac ar y bardd. Y mae yno yng nghanol y llwyfan a'r sbotolau arno ef. 'Mae fy nwylo mor fawlyd' – nid yn unig y person hwn ond, ar brydiau, yr unigolyn hwn yn cynrychioli Pobun – neu o leiaf pobun a ŵyr edifarhau! Sylwer ar yr ail gerdd yn y dilyniant. Lluosog y ferf a ddefnyddir ac nid yr unigol: 'Suddwn i'r cymylau', etc. 'Rydym ninnau yn gyd-deithwyr ar ein ffordd i Fecsico. Yr ydym, yn ogystal, yn ymwybodol o'r terfyn:

Llygad yw'r awyr
Lle y down ninnau'n weld, fel pe baem
Yn hedfan yn ddarganfyddus drwy angau . . . (COG 213)

Er bod teimlad o ragofn yn bod – rhyw argoel o dynged yn nelweddau'r cerddi cyntaf fe geir hefyd glem neu ragflas o lanhad ac ailenedigaeth wrth i'r awyren hedfan o'r cwmwl i'r glas:

Sychwn o'n llygaid y trochion sebon
Tra bo'r awyren yn baddoni mewn padell
Agored, yn ysgwyd ei thraed yn yr ewyn
Copaog, yn goron wen ar ben y byd. (COG 213)

Ond y mae'r pwyslais ar y 'daith', ar ein tynged – 'Ffordd yr holl ddaear yw'!

Ceir yr un cyffyrddiad awgrymus yn y drydedd gerdd sef y delyneg â'r is-deitl '(Storm Mellt yn y Trofannau)':

Fe wêl yr awyren
Fellt yn cuddio'r wybren
Â'u gwe pry cop.

Am fetel yr awyren
Ymglyma'r llinynnau hir.
Ow gleren fach, gleren! (COG 214)

Dyma ddigwyddiad penodol ar y daith i Fecsico a dyma hefyd ddarogan gwae i'r corffyn hwn. (Mae tinc byrdwn 'Ow Ow, Tlysau' yn y llinell olaf.) Y mae'r gerdd yn ein hatgoffa o fyrder dyddiau dyn fel 'The Fly' gan William Blake:

Little Fly,
Thy summer's play
My thoughtless hand
Has brush'd away.

Am not I
A fly like thee?
Or art not thou
A man like me?

For I dance,
And drink, and sing,
Till some blind hand
Shall brush my wing.

Nid yw'r gerdd nesaf ond pennill:

(OLYMPIAD DIWYLLIANNOL MECSICO)

Rhybuddiwyd y rhedwyr marathón
i ochel rhag yr uchder –
Ond beth a wyddai'r swyddogion
am angerdd yr awen. (COG 214)

Er bod y gerdd hon a'r gerdd flaenorol yn grwn a chroyw y maent yn gwireddu'r sylw a geir mewn cerdd ddiweddarach – 'A'm hiaith bron wedi'i bwyta'. Y mae'r byrwyntrwydd yno yn ffurf y cerddi fel pe bai nerth y bardd yn pallu. Ceir yr un teimlad o ddarllen darn o'r gerdd nesaf:

Dowch i mewn
Dowch i mewn. Dowch i mewn. I mewn
Mewn. Mewn. Mewn. (COG 215)

Ynghyd â'r syniad o banic, dyma eco'r ysgyfaint sydd wedi peidio ag anadlu!

Down wyneb yn wyneb â'r terfyn yn y bumed gerdd sef '(Y Bardd yn Wynebu Marwolaeth)'. Cawn yr hanes ym monolog y bardd ac yn ôl tôn y llais, y mae i'r ymson bedwar symudiad. Llin. 1-10: Llun digri o'r 'gwestai' ar gyfyl y drws, fel cymeriad mewn ffars neu fel Harlecwin yn y *Commedia Dell'Arte*:

A minnau
Ni chefais na thwtio fy nhei na dod â'm brws dannedd,
Na thiwnio fy llais ar gyfer y côr seraffaidd. (COG 214)

Llin. 11-22: Yn dechrau bron yn yr un cywair – wafflo gan ŵr mewn panig. Esgusodion fel gan gymeriad mewn drama foesol. Ac yna'r difrifwch yn crepian i mewn. Nid chwarae plant sydd yma! Llin. 23-34: Cri o'r galon at y Creawdwr fel mewn salm neu weddi;

Oni chaf ennyd, Iôr, i gyweirio nodau f'enaid
A chanu'n iach, neu hyd yn oed i ddiolch am Dy ddoniau
diddanus? (COG 215)

Llin. 35-46: Y sylweddoliad llwyr o'i drafferthion:

Nid oedd dim eironi
Mwy yn y diwedd, nid oedd dim amwysedd na dim
amheuon.
I'r ffaith y deuthum. Y digwyddiad cras. Yr hanes. (ibid.)

Yn y dôn a'r oslef y mae dolennau cyswllt rhwng y ffars, y felodrama, y ddrama foesol, y *Commedia Dell'Arte* a'r opera Eidalaidd. Fe all Verdi fod yn debyg i Dickens. Yn y gerdd hon, y bumed gerdd, y mae tymer y llais yn newid yn gymharol sydyn a'r awyrgylch yn newid – mae'r tinc digri yn y llais yn troi'n alwad daer ac agored nes ymsefydlu yn y lleferydd olaf, dwys:

'Roedd y di-wahodd, y neidiwr,
Y budr sy'n sgrialu drwy deulu
Ac yn caru diffrindio, 'roedd ef wedi fy nghyrraedd
Mewn cnoc a dangos fy nghysuron yn grechwen.
Ef, sef chwalwr yr oriau, oedd perchen yr awr. (ibid.)

Yn y bôn, ymson ydyw sy'n bersonol, heb os, ond yn ogystal yn fonolog sy'n driw i'r cymeriad traddodiadol hwnnw fel yn narluniau Antoine Watteau o Gillot, sef y clown trist.

'Chwilio am gysur gorwel' y mae'r awyren yng ngherdd gyntaf y dilyniant. Yn ei gerdd 'Awyren' y mae'r awyren go iawn yn hollol ddideimlad – 'Fe wnaethon ni adar, ond dydyn nhw ddim yn canu' mor wahanol i'r fronfraith (megis y clown yn ei wisg Harlecwin) neu'r bardd:

Ond minnau, fe hoffwn oedi ar fy nghainc
A gadael i'r dwli yn fy nghalon gosi'r gorwelion. (COG 202)

Y 'dwli yn fy nghalon' sef cân o'r frest, emyn yw'r chweched gân, a'r bardd, heb lais, yn canu nerth ei ben:

A'm hiaith bron wedi'i bwyta
Cyfyd fy ngwddw'n glod
Am mai Dy fryd, Waredwr nefol,
Fydd gwneud fy mynd yn ddod. (COG 216)

'Unpremeditated art', meddai Shelley am gân yr ehedydd. Yn baradocsaidd mewn 'myfyrdod', felly'r gerdd hon. Yn yr awr gyfyng y mae'n datgan ei ffydd yng Nghrist. Yng nglyn cysgod angau y mae'n ymddiried ynddo Ef. Diffuantrwydd y dweud sy'n cyffwrdd â ni.

Y mae'r seithfed gerdd yn dechrau'n ddistaw a phwyllog gyda thair brawddeg:

> Ni wyddai neb am ei dawn.
> 'Roedd ei chyfrinach ynghudd.
> Y buredigaeth ddirgel. (COG 216)

Mae cyferbyniad eglur rhwng y dechreuad hwn a'r gân flaenorol. Y mae'n ddistaw fel calon dan orchudd. Ac mae rhyw loywad tawel yn enw'r ferch, Purificación Calvillo. Y weithred a ddarlunnir yn y gerdd hon, megis gwyrth, yw echel y dilyniant:

> Ond pan oedd y mwydyn bardd
> Yn gwingo ar y llawr
> A'i galon wedi'i gollwng
> A'i thaflu i'r afon frwnt,
> Daeth hithau'r fechan
> A thynnu pysgodyn o'r afon.
> Daeth i ben y bwrdd
> A gwrandawodd pawb arni.
> Tylinodd dorth y galon
> A'i gwneud yn boeth ac yn ffres
> Yn gymwys i swper –
> I swper mawr, mawr.
> A galwodd am hufen ocsigen
> Yn lle dŵr awyr Mecsico
> I'r ysgyfaint loddesta . . . (COG 216-217)

Y mae'r gyfeiriadaeth Feiblaidd yn rhoi atsain a chryndod ychwanegol i'r delweddu syml a dwfn – cymharer 'miraculous virginity *old as loaves and fishes*' – Dylan Thomas, 'On the Marriage of a Virgin'. Yn hanner ola'r gerdd fe wneir defnydd o gyfochredd sy'n dechrau drwy ailadrodd syniadaeth y frawddeg gyntaf: 'Er na wyddai neb am ei dawn . . .'

Yn yr wythfed gerdd y mae'r bardd yn crybwyll y Croeshoeliad:

> Oherwydd er eu cam-drin mi wn mai Dy fyd freichiau di
> Sydd o hyd yn mynwesu fy mywyd. (COG 217)

Y mae'r bardd yn datgan clod ac yn ymhyfrydu ym mhresenoldeb ei Greawdwr. Y mae ar ei wely gwaeledd yn yr ysbyty yn Ninas Mecsico ac yn gweld neu'n synhwyro goleuadau'r ddinas yn y nos. Y mae fel petai'n ymuniaethu â chyflwr y ddinas gyda'i chosmetig. Y mae'n ymwybodol o ofal Duw am y tlawd hwn, y clown, 'poor Jack' – Hopkins. Yn awr, ac nid fel cynt yn yr ail gerdd, y mae'n profi hyfrydwch hedfan:

> Dros fy hyd ymledodd holl hawddfyd mwynhau cymylau,
>   Mân-gyffwrdd â throad gwyn-dyner eu cryndod
> A gorwedd yn ôl i syllu ar eu bodolaeth,
>   I edrych ac edrych ac edrych ar y byd sydd yn bod.
>
> (COG 217)

Y mae'r profiad o golli'r hunan yn ecstati'r hedfan yn debyg i brofiad y peilotiaid yn nofelau Antoine de St-Exupéry sef *Gwynt, Swnd a Sêr* neu *Hedfan i Arras*. ('Roedd y peilotiaid hynny, arwyr y nofelydd, yn hedfan mewn awyrennau croendenau, agored i'r elfennau, ac yn gwisgo gogls.) Y mae hedfan fel hyn yn fath o weddi. Ar ôl y braw, yn niwedd y gân hon daw'r hiwmor yn ôl i'r llais.

Codi, fel pe bai'r burum wedi ei wasgaru yn ei does, ac nid suddo, a wna. O'i ôl y mae 'Hydref absen' a gwacterau'r gaeaf, 'yr agoredrwydd annynol oer'. Yn lle'r tir diffaith, y mae gobaith fel llun o'i flaen – 'Dyma'n tŷ ni, dyma'r ardd a'r hewl.' Cyn ei dyfod, y mae i'w nos oleuni dydd, presenoldeb Beti. Yn y ddwy soned '(Croeso i Nyrs Newydd)' y mae'r bardd yn moli ei gariad a'i awen mewn dull metaffisegol gyda chysêt – y mae'n gweld popeth drwy rin ei golau hi, boed ddinas yn y nos neu'r bibell ocsigen. Fe gaiff y wlad gyfan sioc pan ddaw ei anfonedig nef. Mae'n cloi ei 'addoliad' yn rhwydd o rigymol a llawen:

> Y nefoedd sy lond dy wyneb fy mechan wen,
>   Sy'n twnnu dros fy nghalon a braidd dros fy mhen.
>
> (COG 219)

Mae'r ddegfed gân yn parhau yn yr un cywair, yn weddol lac ac ysgafn nes clymu'n iraidd a chrwn yn y gusan:

> Y cusan hir-ddaearol, y planhigyn
> O gusan, a'i wreiddiau'n ymledu'n ôl
> Drwy'n clustiau, a'i gainc yn gryf,
> A'i ffrwythau mor rheolaidd yn eu tymor,
> Bob amser yn iach. (COG 219)

Y cwlwm serch hwn a'r berthynas hon sydd yng nghanol ei batrwm.Yn y llwch y mae'r cactws yn ei dro yn blodeuo.

Er bod ei gariad at holl liw'r byd yn amlwg, nid gweddi gan hedonydd yw'r gân nesaf:

> Maddau i mi O Iesu imi arofyn
> crafaelyd yn y pridd hyll hwn
> yn lle gostwng fy nhrwyn i sipian ffrydiau Paradwys.
>
> Ond crefftaist y byd mor ddyfndlws
> a theulu a ffrindiau mor bersawrus
> yn flodeuglwm hir am f'ysgwyddau. (COG 220)

Yn nofel fawr Malcolm Lowry, *Under the Volcano* (1947), y mae'r prif gymeriad Geoffrey Firmin, Conswl tre' Quauhnahuac ym Mecsico, yn ffoi rhag ei wraig a'i ffrindiau. Yn ei feddwdod y mae'n troi oddi wrth y rhai sydd am ei achub. Digwyddiadau un dydd a geir yn y nofel a'r diwrnod hwnnw yw'r cyntaf o Dachwedd 1938, Dygwyl y Meirw. Portread o ddyn yn suddo ydyw a gweledigaeth o uffern. (Yn yr hen fyd yr oedd lleoliad Tartarws o dan Etna – dyna arwyddocâd y teitl.) Dyn yw sydd wedi pellhau oddi wrth ei gyfeillion – y mae wedi ei garcharu o fewn ei ddiogi ei hun. Rheidrwydd cariad yw un o themâu'r nofel wych hon ond y mae Geoffrey ar goll a'i ddiwedd yn drasig. Slent hollol wahanol ar Ddygwyl y Meirw a geir yn nilyniant Bobi Jones:

> (*Ar Dachwedd y 1af a'r 2il ym Mecsico ceir gŵyl o
> sbort ynghylch Marwolaeth. Rhoddir penglogau o losin i'r
> plant a'u henwau eu hun arnynt. Ceir cacennau mawr ar lun
> celanedd, a phobun yn awyddus i fwyta'r galon neu'r llygad,
> ac yn y blaen; a chynhelir gŵyl o rialtwch a phicnics yn
> y mynwentydd. Dyma un o'r llu nodweddion diddorol
> sy'n perthyn i'r wlad liwgar hon*).

(COG 220)

Ni chafodd y bardd fawr gyfle i weld a chwilio'r wlad liwgar hon ond yr oedd yn cofio darllen llyfr gan y bardd Octavio Paz am y wlad a'i diwylliant – 'roedd yn cofio am hyn yn ei wely wrth feddwl am ei blant ei hun.

Y mae'r ddeuddegfed gerdd wedi ei gosod 'ar dôn

siantio plant'. Dyma'r 'Gân Gyntaf' ar ei newydd wedd:

> Hi! hi! sgerbwd,
> Yn lle gwermwd
> Mi yfaf heno awyr lân
> Heb fygu dan dy fwgwd.
>
> Ha! ha! farwolaeth,
> Mwrdrwyd d'ymerodraeth,
> A rhywbeth ddwed na chei di fyth
> Arna-i ddim llywodraeth. (COG 221)

Dathliad yw'r gerdd nesaf o'i deulu a'i ffrindiau yng Nghymru. Ar ôl 'y dydd dwn', mor lliwgar ŷnt ac mor wahanol yw'r cyfoeth hwn i undonedd Angau:

> Yr Un ydwyt ti;
> Ond at yr amryw af finnau, yr amlder a greodd
> Duw drwy'i ddychymyg, y bwrlwm serch,
> Y pentyrrau amryfal o anwyldeb
> Yn lle'r Un gelyn llwyd. (COG 221)

Ac ychwanega gyda bloedd o fuddugoliaeth, 'O fy mhobl! fy Nghymru siaced-fraith!'

Y mae'n gorffen fel Gwenallt yn 'Ar Gyfeiliorn' â gweddi – cwlwm o erfyniad a phroffwydoliaeth:

> Na chefner arni mwy, O fy Iesu.
> Yn dy gariadwaed, meddyginiaetha fy mhobl
> A'u dwyn hwy drwy riniau Dy driniaeth yn ôl i'w cartre cywir. (COG 222)

I bob golwg, dyna ddiwedd y dilyniant. Ond arhoswch! Y mae'n parhau: y mae dwy gerdd arall megis 'Ôl-Nodyn' i ddod. (Ac mae'r pwyslais ar y 'dod' – dod yn ôl! Fel y mab afradlon yn dod adref y mae'r gorsafoedd, Caersws, Machynlleth, Borth yn ei adnabod o bell:

> A'r mab eto ymhell oddi-wrthynt maent yn ei ganfod,
> Ac yn syrthio ar ei wddf i'w gusanu. (COG 222)

Yn ei gerdd 'The Refusal' (*Mass For Hard Times*, Bloodaxe, Newcastle-upon-Tyne, 1992) y mae gan R. S. Thomas weledigaeth o'r dyn modern;

> I have seen
> the winged man, and he was no
> angel.

Y mae ei fryd ef, y dyn modern, ar ddilyn ac efelychu 'the directionless accelerations', sef symudiadau'r ffurfafen heb nefoedd iddi. Ond yn hanes Bobi Jones, y mae cyfeiriad sicr a hynny tuag adre' yn lein y trên – 'Sul hir a disalwch o gredu'. Gweledigaeth o Gymru a'r byd a geir, ond gweledigaeth sy'n deillio o'r profiad ym Mecsico. Y mae gan D. H. Lawrence weledigaeth apocalyptaidd o'r byd modern yn y dauddegau a hynny'n deillio o'i brofiad ef o Fecsico. Yn ei nofel *The Plumed Serpent* y mae Don Ramón yn ysgrifennu emynau – y mae'r cymeriad hwn, yn ei olwg ef ei hun, yn ymgnawdoliad o'r hen dduw Quetzalcoatl, Quetzalcoatl wedi ei aileni, i ddisodli'r Crist blinedig. Yn yr ail emyn fe enwir y Quetzalcoatl atgyfodedig fel 'The Lord of the Morning Star'. Yn ei gerdd 'Old Archangels' (*More Pansies*) Lusiffer yw'r arglwydd hwn:

> It is Lucifer's turn, the turn of the Son of Morning
> to sway the earth and men,
> the Morning Star.

Yn y cyfnod hwn, yr arweinydd cryf yw delfryd Lawrence – ef ei hun yn y bôn, mae'n debyg. Y mae'n rhaid cael gwrthryfel. Y mae'n rhaid i'r byd newid. Y mae ei fys ar yr angen (fel beirniad) ond y mae ei gyfeiriad ef (Lawrence y proffwyd) ar goll. Y mae gan Bobi Jones gryn edmygedd o Lawrence fel llenor – y gŵr sydd yn ysgrifennu tan orfod – ond y mae ei weledigaeth yn dra gwahanol. Er ei fod yntau, megis, ar dân. Yn 'Evangelical Beasts' ceir dirmyg a gwawd ym mhortread Lawrence o St.Luc – 'He serves the Son of Man'. Y mae gweledigaeth Bobi Jones yng ngherdd XIV yn fy atgoffa o ddisgrifiad Luc o'r Pentecost yn *Actau*, a holl bobloedd Cymru yn yr un tŷ:

Clywch, clywch ei hiaith hi: iaith yr Iôr. Mae'r gymdogaeth
Fel corws dros ein pennau o angylion pelydrog
Yn hongian mewn pentrefi at ein migyrnau.
Ymegyr holl wawr y gwaed. Ni ellir ei dala hi'n ôl.

(COG 223)

Mae'r llinellau yn amlhau fel fflamau o dân sy'n asio ac
nid yn dinistrio – fel y ffrwydrad baróc o fflamau ym
mhatrwm gweledigaeth El Greco o Toledo. Y mae'r rheil-
ffordd megis llinyn bogail yn arwain y bardd a ninnau yn
ôl i'r groth lle'r anadlwn yr ocsigen pur. Y mae'n llun
cyfriniol o'n treftadaeth.

Yng nghyd-destun y dilyniant hwn, y mae i'r gerdd
olaf arwyddocâd arbennig o ran ei sain – y mae wedi ei
llunio mewn cynghanedd gyflawn. Yn y gerdd flaenorol,
'roedd sŵn yr enwau o bwys i'r bardd, a seiniau'r
Gymraeg – mae'r wlad yn fap o fiwsig nefol. Yn y gerdd
olaf y mae'r deunydd, mater, stwff ein bod, iaith, y gair –
mae'r cyfan wedi ei weddnewid i bridd uwch, i harmoni
nefol – cynghanedd. Dyma ychwanegu'r dimensiwn
arallfydol i *ddeunydd* y gân. Felly y mae haen arall,
nefolaidd yn lliwio'r llawr yn narlun Theotocopoulos
hefyd sef *Claddedigaeth y Cownt Orgaz* – portread o'r
'diwedd da'. Myfyrdod ar y 'diwedd da' a hynny'n deillio
o'i brofiad personol a geir yma. Myfyrdod ar y daith fawr
yw'r gerdd ryfeddol hon yn ei chrynswth.

IV

ALLOR WYDN

[*Nodyn Bywgraffyddol:* Mae *Allor Wydn* (1971) Bobi Jones yn cynnwys cerddi hir eraill heblaw'r dilyniant 'Dieithryn ym Mecsico'. Ceir ar y naill law gerdd yn ymwneud â chyflwr cymdeithasol Cymru, sef 'Adroddiad Answyddogol o'r Drefedigaeth Olaf (Yn ystod 1967-1969)'. Fel rhai o gerddi eraill y gyfrol y mae hon yn adlewyrchu'r cynnwrf a'r ymboeni a gysylltid â'r Arwisgiad ac â chynnydd Plaid Cymru a Chymdeithas yr Iaith Gymraeg yn ystod y cyfnod hwnnw. Ni wneir ond cyffwrdd yn lled ysgafn â'r wedd honno yn y fan hon, gan y bwriedir ymdrin â'r gerdd am Gymru mewn man arall yng nghyd-destun amryw gerddi eraill yn yr un olyniaeth.

Ar y llaw arall, ceir y gerdd hir 'Tad-cu ac Ŵyr' sy'n deyrnged i dad-cu'r bardd, gŵr a arddelai argyhoeddiadau Sosialaidd cryf, sef John Francis a anwyd ym Mhontypridd ym 1880 ac a fu farw ym Merthyr 1948 'rhwng dau bapur arholiad' pan oedd ei ŵyr yn sefyll arholiad Anrhydedd y Brifysgol.]

*   *   *

Enghraifft nodedig o ysbrydoliaeth yn *Hunllef Arthur* (t.204, ll.775-780) yw'r darlun hwnnw o Gwilym Hiraethog fel pe bai'n codi tua'r nefoedd mewn balŵn. Yn ôl Emerson, y mae'r bardd yn ein hatgoffa am y lefel honno sef 'lofty ballooning'. Wrth geisio cyfleu un o gyneddfau'r awen bydd y syniad o hedfan yn ffitio i'r dim. Yn ei gyfrol olaf, mewn cerdd rigymog, hir, y mae Robert Frost fel petai'n uniaethu ei ymdrechion cynnar ef ei hun i farddoni ag ymdrechion y ddau frawd, Wilbur ac Orville Wright, i hedfan a hynny yn yr union fan bron sef Kitty Hawk yng Ngogledd Carolina. Y mae'r berthynas glòs i'w chanfod yn nheitl llawn y gerdd:

Kitty Hawk
Back there in 1953 with the Huntington Cairnses
(A skylark for them in three-beat phrases.)

O ddarllen y gerdd, hawdd deall mai 'ehedydd' Shelley sydd yn fan hon – 'unpremeditated art' yw'r cynnyrch. 'Roedd Frost yn aml yn ei bortreadu ei hun fel bardd gwlad. 'Roedd yn rhan o'i *bersona*. Plwyfol a chartrefol oedd y dechnoleg a ddefnyddid ym 1903 gan y brodyr Wright. Gweddus oedd arosod gweledigaeth y bardd ifanc (edrych yn ôl y mae Frost) ar weledigaeth y ddau frawd a chreu trosiad estynedig am yr awen. Brethyn cartref oedd deunydd y tapestri aruchel. (Felly hefyd balŵn y ganrif flaenorol.)

I Frost, yn ei henaint, 'roedd rhagoriaeth y dechnoleg fodern, Americanaidd, a safle America fel arch-bŵer yn ddatblygiad naturiol o hyn ac yn deillio o gymdeithas blwyfol a gwâr y democrat a'r 'werin gyffredin ffraeth'.

> Ours is to behave
> Like a kitchen spoon
> Of a size Titanic
> To keep things stirred
> In a blend mechanic . . .

Ond bardd y mwyafrif oedd Frost, yr Ianc, ac yn sicr, bardd llawryfol y Sefydliad yn ei henaint. Yn ei gerdd i John F. Kennedy ar achlysur ei urddo y mae'n rhoi sêl bendith henwr ar weledigaeth yr arlywydd ifanc o dynged ei wlad – y syniadaeth sydd ymhlyg yn y slogan 'The New Frontier':

> We see how seriously the races swarm
> In their attempts at sovereignty and form.
>
> They are our wards we think to some extent
> For the time being and with their consent,
> To teach them how Democracy is meant.

Onid yw hyn yn debyg i ffilosoffi'r Ymerodraeth Brydeinig yn ei hanterth? Bydd y llwythau a'r gwledydd yn 'saff' o dan gysgod aden y famwlad. Ac i unrhyw genedl fach neu lwyth sy'n anghytuno, mae ateb parod:

> The most the small
> Can ever give us is a nuisance brawl.
> ('No Holy Wars For Them'.)

Dyna feddylfryd y gorchfygwr – meddylfryd America fodern.

'Does gan feddylfryd o'r fath fawr glem o draddodiad a diwylliant gwlad gymharol fach fel Fiet-nam. Ar ôl helynt Dien Bien Phu 'roedd uchelgais Ffrainc i lywodraethu yng ngwledydd Indo-Tsieina ar ben, er bod ôl diwylliant Ffrainc, fel dylanwad yr iaith a'i defnydd fel iaith swyddogol y gwledydd hynny, yn parhau. Achub y cyfle i lanw'r bwlch a wnaeth yr Americanwyr er mwyn lledu eu dylanwad. I Ho Chi Mhin a'i gyd-genedlaethol-wyr, 'roeddynt fel moch am fathru'r winllan. Yn ei bennod gyntaf o'i gyfrol *Ysbryd y Cwlwm: Delwedd y Genedl yn ein llenyddiaeth*, 1998, sef 'Cenedligrwydd a llenydd-iaeth', cawn y sylw canlynol gan Bobi Jones:

> Anwybodaeth yw un o bennaf nodweddion y pŵer 'mawr'. Gan amlaf am resymau politicaidd a seicolegol dyw meddylfryd newyddiadurol y bloc-pŵer ddim yn caniatáu amgyffred nac ymgysylltu â diwylliannau trefedigaethol.

Fel hyn y mae Frost yn cloi ei gerdd o fawl i Kennedy:

> Firm in our free beliefs without dismay,
> In any game the nations want to play.
> A golden age of poetry and power
> Of which this noonday's the beginning hour.

'Roedd poblach y 'trefedigaethau' am gael eu gwarchod a'u cysgodi 'Fel y cywion dan yr iâr'. Ond yn nhrefn y wladwriaeth hon yr 'iâr' oedd y bomar, y B2.

Norman Mailer, y cyn-filwr o dras Iddewig a ysgrifennodd y clasur *Armies of the Night* sef hanes yr ymgyrch ar Washington yn erbyn y rhyfel. Mae'n arwyddocaol mai aelodau o blith y lleiafrifoedd yn America a oedd yn flaenllaw yn y mudiadau hyn yn erbyn y Pentagon fel y gŵr ifanc croenddu gyda'r placard 'No Vietnamese ever called me a nigger'. (*The Living and the Dead – Robert McNamara and the five lives of a lost war*, Paul Hendrickson, Alfred A.Knopf, 1966.) Ond yn ôl at y flwyddyn 1963:

> All through the breakthrough year of 1963, the Vietnam crisis had built as a haunting foreign echo of civil rights.

BOBI JONES – Y CANU CANOL

On May 8, during the peak of Bevel's children's marches in Birmingham, Vietnamese soldiers had killed monks and civilians in Hue to enforce a government order prohibiting the display of Buddhist colours on Buddha's birthday. Buddhist protest had seized world attention a month later, on the day of the Medgar Evans assassination in Mississipi, when a monk named Trich Quan Duc publicly immolated himself in downtown Saigon. Vietnam's Catholic rulers contemptuously dismissed a string of later suicides as 'Buddhist barbacues' inspired by the communist enemy.

> (Tud. 914, *Parting the Waters – Martin Luther King and the Civil Rights Movement 1954-63*, Taylor Branch, Simon and Schuster, N.Y., 1988.)

'Roedd y sefyllfa'n gwaethygu yn Fiet-nam pan oedd yr Arlywydd Kennedy yn y Tŷ Gwyn. Bu farw Robert Frost yn 1963. Go brin y buasai'n canu i'r awyren fodern fel y gwnaeth Bobi Jones. Y mae'r soned 'Awyren' yn gerdd bwysig i mi:

Fe wnaethon ni adar, ond dydyn nhw ddim yn canu.
Mae hon gerbron wybrennau'n waglaw'i cheg.
Sut gall y gwynt gydchwarae? Fe hed heb eiriau
A heb y clod o fod, yr un sy'n dragwyddol fud.

Cheir mo fychander cân na chrynhoi ganddi'r gemau
O fore am fod sŵn negyddiaeth ar ei llif:
Cabla'r cwbwl; poerad yw'n erbyn moli; a hed hi fel petai'n
Ffoi rhag clywed ei chreadigaeth ei hun.

Rhuthra hi rhag y cynnyrch. Ow! defnyddioldebol
Y rhuthra. Ond minnau, fe hoffwn oedi ar fy nghainc
A gadael i'r dwli yn fy nghalon gosi'r gorwelion.
Fe garwn ymuno â chymdeithas yr adar sy'n ddi-bwynt,
Sy'n gwastraffu canu. Caiff clychau guro drwy gydol
Fy nghhorff i gyhoeddi mai gŵyl bob amser yw hi.

(COG 202)

'Rwy'n synio am y gerdd 'Hysbyseb' fel un o gerddi 'gwyrdd' cynta'r bardd. Ynddi, yn ddoniol ac o ddifri, y mae'n canu clodydd reidio beic er mwyn gwir werthfawrogi'r cread a hynny ar draul mynd mewn car. Y mae'i feic i'w gysylltu â chân – 'Fel bwa / Fiolin ar hyd y clawdd symuda' tra bo'r car yn 'ergyd dryll', sŵn dinistriol. Felly hefyd symud hamddenol y naill a chyflymdra'r llall. Mae perthynas rhwng y gerdd hon a'r soned 'Awyren', er enghraifft, rhwng rhuthro ac oedi, y gân, ecoleg etc. 'Roedd y bardd ac yntau eto'n fachgen wedi cael y profiad o glywed y bomar uwchben (gweler Rhan IV o 'Crio Chwerthin' a'r ymgyrch fomio ar ddinas Caerdydd.) 'Roedd yn ymwybodol o sŵn bomar, bomar y dyddiau hynny ac o'r 'ubain main maith sy gan adenydd y bomiau'. Ac yn fwy manwl, 'disgwyl wedyn ar hyd llinyn tenau tenau o chwiban pob bom'. Ond mor wahanol yw'r 'adenydd' a'r 'chwiban' i eiddo'r 'chwibanwyr gloywbib' a'u 'rhaffau cerdd'. Yn y soned y mae'r llinell gyntaf yn gosod y cywair: 'Fe wnaethon ni adar, ond dydyn nhw ddim yn canu'. Y mae'r awyren yn hollol wrthwyneb i'r gân, i'r gân o fawl. Y mae'r bardd yn datblygu'r syniad hwn yn llythrennol – mae'r awyren yn 'waglaw'i cheg', 'heb eiriau' a hi yw'r 'un sy'n dragwyddol fud'. 'Rydym oll yn gyfarwydd â sŵn dychrynllyd awyren. Ond pwys-leisio'r distawrwydd a wna'r bardd, sef y distawrwydd byddarol. Yng nghyfnod cyfansoddi'r gerdd 'roedd ymgyrchoedd creulon y bomar B2 yn creu llanast yn Fiet-nam. Dyma'r awyren, 'poerad yw'n erbyn moli'. 'Rhuthra hi rhag y cynnyrch', sef rhuthro heb euogrwydd na chywilydd am y distryw. Nid dyma gynhaeaf a gŵyl y gân. Y mae hyn yn rhan o'r llun cyflawn o awyren:

> Cheir mo fychander cân na chrynhoi ganddi'r gemau
> O fore am fod sŵn negyddiaeth ar ei llif.

Y mae'r 'gemau / O fore' yn fy nhywys yn ôl at gân yr aderyn bronfraith yn 'Cân Ionawr' – 'Fel pe dibynnai holl greadigaeth sain / Ar droelli'r diemynt a'r gemau yn ei sgyfaint ifanc'. Yng ngherdd Waldo 'Cân Bom', y bom sy'n llefaru. Monolog y bom ydyw – monolog o wacter ystyr y cread i'r bom:

> Ofod, pa le mae Pwrpas
> A'i annedd, Patrwm?

Er mai am y bom atomig, mae'n siŵr, yr oedd Waldo'n synied, y mae 'sŵn negyddiaeth' yr awyren yn gytras. Dyhead sy'n cael ei wireddu a geir yn y chwechawd. Y mae'r bardd yn ei uniaethu ei hun â chread o batrwm a phwrpas, cread sy'n gân o fawl:

> Ond minnau, fe hoffwn oedi ar fy nghainc
> A gadael i'r dwli yn fy nghalon gosi'r gorwelion.
> Fe garwn ymuno â chymdeithas yr adar sy'n ddi-bwynt,
> Sy'n gwastraffu canu. Caiff clychau guro drwy gydol
> Fy nghorff i gyhoeddi mai gŵyl bob amser yw hi.

Yn baradocsaidd 'yr adar sy'n ddibwynt' sy'n clodfori cyfeiriad, a'r rhai sy'n 'gwastraffu canu' sy'n crynhoi'r gemau.

Ar y naill law ceir yr 'awyren',ac ar y llall y bardd a 'chymdeithas yr adar' fel dau begwn bod – distawrwydd â chân, y du a'r gwyn:

> It was the best of times, it was the worst of times, it was the age of wisdom, it was the age of foolishness, it was the epoch of belief, it was the epoch of incredulity, it was the season of Light, it was the season of Darkness . . .

Mi allai paragraff agoriadol ac enwog *A Tale of Two Cities* fod yn sylw ar fywyd yn gyffredinol (amgylchiadau man a lle, gofod) ond yn y cyd-destun, diffinio cyfnod penodol (amser) yn ogystal y mae Charles Dickens, sef cyfnod y Chwyldro Ffrengig. Y mae rhai cyfnodau yn fwy cythryblus na'i gilydd a chyfnod felly yng Nghymru oedd y chwedegau i'r bardd ac i'w gyd-Gymry (Gweler Alan Llwyd, *Barddoniaeth y Chwedegau – Astudiaeth Len-yddol-hanesyddol*, (Barddas 1986) am astudiaeth wreiddiol a thrylwyr o'r degawd.):

> Brwydr oedd hi drwy gydol y degawd rhwng gwerthoedd a materoliaeth, rhwng y syniad o berthyn a'r syniad o ymgolli yn y llif mawr diwreiddiau a dihunaniaeth.

Yn raddol yn y pumdegau ac yna fwyfwy yn y chwedegau 'roedd hedfan mewn awyren yn brofiad i lawer. Bron am y tro cyntaf i'r dosbarth proffesiynol ac i ddogn helaeth o'r werin 'roedd y byd o fewn cyrraedd. 'Roedd lleoedd anghysbell, a fu'n enwau ar fap yn unig, yn lleoedd i ymweld â hwy neu i aros yno. 'Roedd oes y pamffledyn teithio arnom a'r awyren yn hytrach na'r llong oedd i reoli. Er bod T. H. Parry-Williams yn hoff o grwydro yma a thraw ac yn dipyn o fecanig, motor-beic, car, trên a llong sy'n ei gludo ac yn ei ddiddori yn ei farddoniaeth a'i bros – h.y., cyfnod cynharach o drafaelio ac o synied am y daith. Yn awr, taith un diwrnod neu ychydig ddiwrnodau oedd pen draw'r byd. 'Roedd lluniau o bob twll a chornel o'r glob yn ymddangos yn *The National Geographic*. Yn y chwedegau daeth y lluniau a'r delweddau o ryfeloedd pell megis y rhyfel yn Fiet-nam yn ôl ar eu hunion i gornel y parlyrau Cymreig a'r parlyrau Prydeinig. Ac yng Nghapel Celyn 'roedd hi'n poethi:

> Y peth na allent ei ddeall, hynny a ddistrywiasant.
> Y peth hen hwnnw, mor uchel a lluniedig.
> Mor hawdd y'i cuddiwyd, ac yn awr ni ddaw yn ôl
> Y frawddeg nas ail-ddywedid. Dyma hwy'n ei blotio
> Mewn cwm diarffordd a ymddangosai mor gyntefig,
> Y gynghanedd a'r baledi, y gymdeithas glòs a'r weddi
> Ni welent fyth mohonynt.　　('Capel Celyn') (COG 224)

'Roedd y frwydr rhwng y ddinas a'r wlad, y Gorfforaeth a'r gymuned leol i'w chanfod ledled y gwledydd yn sgîl y Chwyldro Diwydiannol ac wrth i'r ddinas fodern ddatblygu. Er enghraifft, yn gynharach yn y ganrif hon fe orfodwyd mwy nag un llwyth o Indiaid Cochion, tua'r gogledd o Efrog Newydd, i symud er mwyn sefydlu cronfeydd dŵr ar gyfer y ddinas. Nid cael cyflenwad digonol o ddŵr oedd yr unig ystyriaeth wrth ymgymryd â'r fath weithgarwch. 'Roedd statws ymhlyg yn y cynllun. Nid oedd y brodorion lleol yn ei ewyllysio, ond go brin fod ganddynt y grym politicaidd i rwystro'r datblygiad. Yn hyn o beth, 'doedd nemor ddim gwahaniaeth rhwng Wncwl Sam a John Bull. Ac 'roedd wedi digwydd yn gynharach na Chwm Celyn yng Nghymru. Ond o 1955 a thrwy'r chwedegau 'roedd helynt Capel Celyn yn rhoi ffocws i'r gweld. 'Roedd y patrwm i'w weld yn glir. Onid oedd y ffeithiau moel yn y Cyfrifiad yn ategu hyn? Ac ar y radio 'roedd y llais carismatig yn rhag-weld tynged yr iaith.

Gall cenedl fach sy'n ymwybodol o ormes ac o bwysau *ddeall* gwewyr y cenhedloedd bychain a gofid y lleiafrif-oedd:

Dadleuwn felly fod y gwth negyddol hwn o drefedigaethau, yn achos y lleiafrifoedd, yn gallu arwain mewn cyferbyniad i ymateb ymwybodol o blaid trefn, pwrpas a gwerthoedd cadarnhaol. Gall hyd yn oed, ar ei waethaf ei hun, gadarnhau cydymdeimlad â'r darostyngedig a'r isradd a'r sawl a ddioddefodd anghyfiawnder mewn gweddau eraill ar fywyd. (*Ysbryd y Cwlwm*, 11)

Ymysg dinasyddion y Bloc-pŵer mae gan unigolion gydwybod; er enghraifft, yr oedd arweinwyr y mudiad C.N.D. yn dod o Loegr, criw'r chwith a oedd hefyd yn erbyn y rhyfel yn Fiet-nam. Ond anos yw i berson yn y sefyllfa hon lwyr ddeall er iddo deimlo i'r byw, am nad yw'r profiad o ormes yn cynnwys y profiad o ddilead. Y mae profiad o'r amserau yng Nghymru a thu hwnt i Gymru yn llun y soned – ar y naill law y pŵer annynol ac ar y llall y gymdeithas wâr. Ond y mae iddi gylch ehangach o gyfatebiaethau. Sylwer ar y llinell gyntaf – 'Fe wnaethon ni adar, ond dydyn nhw ddim yn canu'. Fe wrthgyferbynnir creadigaeth dyn â chread Duw – yr 'awyren' â 'chymdeithas yr adar'. Yn ail bennill 'Cân Bom' Waldo, y bom sy'n llefaru:

> Cynllunia fi, ymennydd noeth.
> Gwnewch fi, dim-ond dwylo . . .

Arwain at hyn y mae *hubris* dyn. Yn nechrau'r gerdd 'Dieithryn ym Mecsico' y mae ei lun a'i amgyffred, sef y bardd, o'r awyren yn newid, yn dyblu'n ôl fel llinell ar bapur graff o'r tymheredd, fel siart o dwymyn wrth wely'r claf, a'r diagnosis mawr i ddod. Meddai am yr awyren yn rhan III ('Storm Mellt yn y Trofannau'), 'Ow gleren fach, gleren' – rhag ofn iddi gael ei dal yng ngwe'r mellt. Y mae nerfusrwydd y bardd, rhyw deimlad anniddig yn lliwio ei lun o'r awyren fel pe bai'n synhwyro a rhag-weld y ddrama sydd i ddod. Ond yn rhan II ceir gwedd arall ar yr awyren ac mae cyfatebiaeth rhwng y llun hwn ac awyren y soned:

> Suddwn i'r cymylau; ac uwch y cymylau
> Gwyn eu pen a du eu gwaelod
> Sychwn o'n llygaid y trochion sebon
> Tra bo'r awyren yn baddoni mewn padell

Agored, yn ysgwyd ei thraed yn yr ewyn
Copaog, yn goron wen ar ben byd;
A gwelwn yn loyw fynyddoedd ar ddaear sydd
O amgylch y ddaear is, crawen denau
Groyw o ddyfrbridd breuddwydiol, heb fwthyn,
Heb bentref bach, diffeithwch nas difethwyd
Gan y dwyno dynol . . . (COG 213)

Dyma lun o nofio neu o hedfan sydd ymhell o 'gymdeithas yr adar'. Y mae aneliad yr awyren yn chwant am y diddim. Gweler 'Genesis' 390-403 yn *Hunllef Arthur* a'r eco o hyn yn 'Robert Recorde, Dyneiddiwr' ac yntau'n nofio'n freuddwydiol. Dyma'r canlyniad i Arthur, ac i ddyn, o *hubris* – yn achos Robert Recorde, bargen Ffawst, sef 'Pan fynnodd ef y fraint a dyf ar Dduw'. *Y* pechod mawr. Sylwer yn 'Awyren', 'Sut gall y gwynt gydchwarae?' medd y bardd. Ond yn 'Cenedlaetholdeb Rhamantaidd' dyma Gwilym Hiraethog yn ei falŵn:

i lan i lan i lan –
Ow wyryf asur a difesur hedd! –
I lan i haddef y gwylanod swil
Sy'n gorwedd ar eu nenfwd, finnau'n llond
F'ysgyfaint o'u hymgodi llathr yn uwch
At yr Un sy'n achos i'r awelon oll.

(*Hunllef Arthur*, t.204, ll.785-790)

Yn rhan V o 'Dieithryn ym Mecsico' y mae'r bardd wrth syrthio ar ei fai (ei fai ef yn ôl ei dyb ef) yn diffinio ei gyflwr pechadurus:

Rwyf yn euog. A gaf gyfadde
Imi fod yn falch, yn fynyddog o falch o'th flaen
O f'Arglwydd-wneuthurwr? (COG 215)

Cyn iddo gyfaddef y mae'r awyrlun yn arddangos unffurfiaeth imperialaidd angau. Ond wedyn, nid diffeithwch mo'r awyrlun:

Dros fy hyd ymledodd holl hawddfyd mwynhau cymylau,
  Mân-gyffwrdd â throad gwyn-dyner eu cryndod
A gorwedd yn ôl i syllu ar eu bodolaeth,
  I edrych ac edrych ac edrych ar y byd sydd yn bod.

(COG 217)

Y mae'r bardd yn 'Amddiffyn personoliaeth gnydfawr
bywyd' ('Am Ei Frwydrau', ll.110) Dyna'r union fwlch
rhwng 'yr awyren' a 'chymdeithas yr adar' a'r gân yn y
soned. Yn Adran II y mae hyd yn oed y 'lliw glas' i'w
gysylltu â'r 'agoredrwydd annynol oer'. Y mae trem y
llygad glas, *hubris* dyn, y mae'r dimensiwn hwnnw yn
arddangos yr un unffurfiaeth a llwydni imperialaeth
angau. Nid yw'r 'milltiroedd ar filltiroedd' ond ffordd
bengaead pechod, angau, uffern.

Y mae'r un nodwedd i'r rhew ym *Man Gwyn* sy'n
wynder annynol fel y glas. (Nid yw hyn bob amser yn
berthnasol i eira.) Aruthrol ac arswydus yw'r rhaeadr yn
y gerdd 'La Chute De Montmorency (rhaeadr uwch na
Niagara yn nhalaith Québec.)' Cafodd y gyfrol honno gan
Edmund Burke, *Philosophical Inquiry into the Origin of
Our Ideas of the Sublime and Beautiful* (1756)
ddylanwad ar y llenorion a'r arlunwyr Rhamantaidd.
'Roedd estheteg Burke a gwaith y Rhamantwyr cynnar
yn parhau i gael effaith ar yr ysgol o arlunwyr yn yr
Amerig, y Goleuddwyr, etc., yn y bedwaredd ganrif ar
bymtheg:

> Cole's 'Expulsion from the Garden of Eden' illustrates
> Burke's concept of the beautiful in the right half of the
> painting: Eden's waterfall, fair gardens and lush trees
> suggest the delicacy and grace Burke associated with the
> principle of beauty founded on pleasure. The left side of the
> canvas, however, depicts Burke's principle of the sublime,
> founded on what he called "terror" and "the idea of bodily
> pain . . ." – labour, anguish, torment.
>
> (Judith Farr, *The Passion of Emily Dickinson*,
> Harvard University Press, Cambridge, Mass., 1992.)

Y mae'r rhaniad yr un mor glir ac eglur yn y soned – ar
y naill law y gân, creadigaeth Duw, ac ar y llall, yr
awyren, o waith dwylo dyn – y deyrnas heddychlon, 'gŵyl'
a diffeithwch 'awyren'. Y mae unigrwydd a distawrwydd
yn nodweddion o'r Aruchel – onid yr 'awyren' yw'r 'un
sy'n dragwyddol fud'? Mae dwy linell gyntaf y gerdd 'La
Chute De Montmorency' yn gosod y cywair a'r cwlwm:

> Ar seiliau concrit gwyn gan fab-saer gorgryf gynt
> Adeiladwyd crafwr-wybren y rhaeadrau. (COG 129)

Y mae'r llun o'r rhaeadr anferth a'r llun o'r fetropolis fodern annynol yn ymdoddi:

> Ai o fru cudd fry ei ffurf anferth arw
> Y tarddodd hanner y mynd yng ngogledd Amerig?
> Rhyddid? Y fath freuddwyd gwrach! (ibid.)

Dyma fyd y peilot hofrennydd yng ngherdd ddeifiol y bardd, 'Gwlychu Gwely 1967 (Bachgen Saith Mlwydd Oed yn Viet-nam)'. 'Seiliau Wall St. a Manhattan Wen' yw'r 'seiliau concrit gwyn', sef seiliau y Bloc-pŵer. Mae effaith gormes y Bloc-pŵer i'w ganfod hyd y dydd hwn ar 'gymdeithas yr adar' yn Laos. Y mae'r ffrwydron tir dan y mân lwybrau.

> Moreover, the American nation was born into the era of the Sublime . . . America itself would be this sublime . . . it would soar as dramatically into the empyrean as the bald-headed eagle itself. Integral to the theori of the Sublime as developed by Kant and Schiller was the belief that gazing at the spectacular works of nature would not overpower man with a sense of his own insignificance, as Burke had believed, but became a revelatory moment of his inner potentiality for greatness.
>
> (David Morse, *American Romanticism*, London, 1987.)

Yn ei gerdd gynnar 'L'Envoi' y mae James Russell Lowell yn rhoi llun o'r wladwriaeth newydd ac o'r Freuddwyd Americanaidd:

> Though loud Niagara were today struck dumb,
> Yet would this cataract of boiling life
> Rush plunging on and on to endless deeps,
> And utter thunder till the world shall cease, –
> And thunder worthy of the poet's song,
> And which alone can fill it with true life.

Yn wrthgyferbyniol i'r ymchwydd egotistaidd a *hubris* y tirlun hwn fe geir 'cymdeithas yr adar' yn 'Man Gwyn' sef 'I Gymdeithasau'r Beirdd yng Nghymru':

Yn fynych o'r Amerig byddaf yn meddwl am Glwb Gwerin
Cefni,
Am Ddosbarth Talgarreg neu am feirdd Bro Dyfi.
. . . . . .
Ni allaf lai na myfyrio am y trafod ar grefft ac ar hanfodion
Mewn neuaddau pentre ffrwythlon, hyd berfeddion, yng
nghilfachau Cymru . . . (COG 138)

Yn *Rhwng Taf a Thaf* wrth i'r bardd droi i gyfeiriad yr
afon orllewinol y mae'r 'gwynt o'r dwyrain' yn ei
gyffwrdd. Y mae'r naill wynt yn ymestyn cyn belled â lle'r
llall. (Llorweddol yw'r symud.) Yn ei gerdd 'Tad-cu ac
Ŵyr' ceir myfyrdod ar y mawr a'r bach:

> Ac wrth imi blygu i'w chwilio, fe ddeuai
> f'ysgwyddau at ei gilydd a'm hasennau'n gryno
> fel pe bawn innau'n corachu er mwyn ymwthio
> i mewn i'r mân gread. Hwn a'r awyr, y sêr,
> y ddau eitha'n orwelion o'm deutu, –
> y rheini a ddysgodd i mi fy maint. (COG 237)

Wrth i'r bardd hwn grybwyll anferthedd y cread, yr
aruchel a'r addurnol (perpendicwlar yw'r symud) nid
yw'r gorwel arall yn diflannu am hir. Nid yw'r 'plygu'
ymhell. Nid yw'n anghofio'r pridd. Nid oes plygu yn Wall
St. a 'Manhattan wen', y gyfalafiaeth ar seiliau concrit ac
nid megis y farchnad blwyfol a blas ei phridd. 'Y fath
freuddwyd gwrach' yw La Chute De Montmorency ond
'yr iarlles' yw Pistyll Cain a'i 'phabell hapus' yn hollol
wahanol, o ran maint, etc., i 'ffurf anferth arw' y rhaeadr
yn nhalaith Québec. Y mae Pistyll Cain o faint sy'n
weddus iddo ef y bardd – 'Meddianna 'nghaban undyn
hwn yn llwyr'. Ac yn niwedd 'Dieithryn ym Mecsico' y
mae'r mab (afradlon) yn dychwelyd:

> Ac elw i'r golwg
> Yw braenar, afon, bryn a rhyfedd
> Dai pob cilfach. Mae'n gadael i bob rhaeadr
> Redeg dros ei gnawd crin . . . (COG 222)

Dyma raeadrau sy'n cyfateb i'r mân lwybrau, rhaeadrau
'cymdeithas yr adar'. Nid 'yr un lliw' rhaeadr La Chute
De Montmorency a geir ond amrywiaeth nobl a
manylion. Wrth amgyffred yr aruchel nid yw J. M. W.

Turner yn esgeulus o'r manylion, h.y., y mae'r ddau
eithaf yn y llun:

> Finally, observe the exquisite variety of all the touches
> which express fissure or shade; every one in varying
> directions and with new form . . . The higher the mind, it
> may be taken as a universal rule, the less it will scorn that
> which appears to be small or unimportant; and the rank of
> a painter may always be determined by observing how he
> uses, and with what respect he views the minutiae of
> nature . . . He who can take no interest in what is small,
> will take false interest in what is great; he who cannot
> make a bank sublime will make a mountain ridiculous.

> (Myfyrdod ar 'The Upper Fall of Tees', engrafiad wedi ei
> seilio ar lun J. M. W. Turner gan John Ruskin yn ei bennod
> 'On the Foreground', yn *Modern Painters*.)

'Canys pwy a ddiystyrodd ddydd y pethau bychain?'
(Sechareia 4.10.) Yn sicr nid y bardd hwn. Sylwch ar
'Traeth y De, Aberystwyth': wrth weld 'y môr mawr hwn
/ Yn dodi sgidiau mân' ceir y weledigaeth lwyr a syml o'r
cosmos. Y ddau orwel, y mawr a'r bach, hwn sydd i'w
ganfod ym myfyrdod y bardd o Americanwr, A. R.
Ammons, wrth iddo gerdded y traeth, megis yn ei gerdd
'Expressions of Sea Level' gyda'r diweddglo:

> how do you know the moon
> is moving: see the dry
> casting of the beach worm
>   dissolve at the
> delicate rising touch:

> that is the
> expression of sea level
> the talk of giants,
> of ocean, moon, sun, of everything,
> spoken in a dampened grain of sand.

Un o linach Emerson yw yntau, y bardd-wyddonydd yn
llawn o ryfeddod y cread – un ar daith ymysg y manion,
yn amgyffred y patrwm mawr ond yn ofni diffinio
hwnnw, ofn yr haniaeth, unffurfiaeth yr 'awyren' heb droi
at amrywiaeth y pethau bychain. Mae ei daith a'i
bwyslais yn wahanol i eiddo Bobi Jones. Ond i mi, A. R.
Ammons yw bardd mawr America ac nid Lowell na Plath

yn y cyfnod hwnnw o'r chwedegau hyd heddiw.

Sylwer yn 'Awyren' na 'cheir mo fychander cân' ganddi, 'na chrynhoi ganddi'r gemau / O fore . . .'. Yn baradocsaidd, y bychander cân sy'n cosi'r gorwelion. Fel yng ngherdd Keats y mae'r eos 'light-winged Dryad' yn un â'r 'viewless wings of Poesy' – neu Bobi Jones yn 'Adroddiad Answyddogol o'r Drefedigaeth Olaf' – 'A fi, yr hwn sy'n canu, o ddrain dy berth yn *ddryw* / . . . Mi all ddod yn glir o Fynwy i Fôn'. Ac yn ail soned yr un gân, 'Mae had o'r llawr yn bygwth hollti'r to' ceir cyflawnder, daear a nef, yr isel a'r dyrchafedig. Fel yr ehedydd i Wordsworth, 'True to the kindred points of heaven and home'.

Mae cyfatebiaeth rhwng rhuthr yr awyren a'r disgrifiad o La Chute De Montmorency, 'Prysur, prysur yw'r dŵr'. Ac i'r gwrthwyneb y mae'r 'hoffwn oedi' yn y soned yn cyfateb i 'Nesâf i aros yn ei phabell hapus', yn 'Pistyll Cain':

> Ond minnau, fe hoffwn oedi ar fy nghainc
> A gadael i'r dwli yn fy nghalon gosi'r gorwelion.
> Fe garwn ymuno â chymdeithas yr adar sy'n ddi-bwynt,
> Sy'n gwastraffu canu. Caiff glychau guro drwy gydol
> Fy nghorff i gyhoeddi mai gŵyl bob amser yw hi.
>
> (COG 202)

Mewn nifer helaeth o gerddi gwelir mor ganolog yw'r gainc neu'r gân yng ngweledigaeth y bardd o'r cread sanctaidd. Mae hyd yn oed byncio aderyn y to yn cael tŷ yn ei galon:

> Fardd!
> Fe wyddost yn burion bopeth: gefaill glân
> I'r Llais a fu'n Bair Dadeni yw dy gerdd. (COG 90)

Yn y gerdd 'Aderyn y To' y mae'r 'Swyddfa Trethi' yn cynrychioli yr union ddimensiwn annynol ac uffernol â'r rhew yng ngaeaf Québec, a 'seiliau concrit gwyn' La Chute De Montmorency, Wall St. a'r 'awyren'. Ni cheir *cymdeithas* o glercod. Dro ar ôl tro yn ei ganu ceir ysbrydoliaeth y gân yn wrthgyferbyniol i'r anial marwaidd ac undonog – gaeaf.

Fel y beirdd Rhamantaidd gwreiddiol y mae ganddo ef,

Bobi Jones, agenda radical. 'Be thou, Spirit Fierce / My spirit', medd Shelley yn 'Ode to the West Wind'. Yn ei gerdd 'Tad-cu ac Ŵyr', olynydd ei dad-cu radical fydd y bardd:

> cwyd ei lid eto,
> ac yn ei lais ef 'rwyf yn siarad. (COG 234)

Ond mae gwahaniaeth sylfaenol rhyngddo ef a'i dad-cu ar y naill law a Shelley ar y llall:

> Pechod nis deallodd. Clywsai efengyl boliticaidd
> a ddatrysai bopeth, ac a ddodai bob dim yn ei le . . .
> (COG 238)

Un felly ydoedd ei dad-cu. Yr oedd gan Shelley a'i dad-cu weledigaeth o Bromethews yn rhwygo ei gadwynau, o'r ddynoliaeth yn deffro ac o fyd newydd ar fin bod. Y mae'r Promethews modern, creadur Frankenstein, yn diflannu yn niffeithwch uffernol y plymenni rhew yn niwedd rhamant Mary Shelley. Ond dilyn llwybr efengyl gadarnach a wna Bobi Jones.

Fel beirniad, traethodd ar arwyddocâd yr adar yng nghywyddau Dafydd ap Gwilym. Y mae ganddo nifer helaeth o gerddi am gân yr aderyn megis 'Cân Ionawr', 'Ehedydd', 'Mwyalchen' a 'Cân'. Ym mhennill cyntaf ei gerdd 'Ode to a Skylark' y mae Shelley yn crynhoi nodweddion y gân a'r cantor:

> That from heaven or near it
> Pourest thy full heart
> In profuse strains of unpremeditated art.

A cheir pennill ar ôl pennill o berlewyg llwyr. Dyhead y bardd o Gymro yw ar i'w gerdd yntau ddod mor rhwydd a diymatal â chaneuon yr adar:

> Fe garwn ymuno â chymdeithas yr adar sy'n ddi-bwynt,
> Sy'n gwastraffu canu. (COG 202)

'Singing hymns unbidden' chwedl Shelley. Y mae'r fath orfoledd yn tanio pridd:

> Caiff clychau guro drwy gydol
> Fy nghorff i gyhoeddi mai gwyl bob amser yw hi.

Dyna'r nod a'r dyhead. Ond yn ystod a thua diwedd y chwedegau y mae cythrwfl a thrybestod yr amserau yn pwyso.

I'r beirdd Rhamantaidd nid oedd modd dianc rhag terfysg yr oes a gormes yr amserau. Bu hi felly yn y chwedegau ac yng Nghymru. Anodd osgoi pwys mudandod yr awyren. Y mae'n rhaid i'r bardd o Gymro yfed o'r cwpan chwerw. Ond beth am ei gyd-ddyn yng Nghymru a ledled y gwledydd? Y mae'r soned 'Awyren' ymysg y cwlwm o gerddi yn nechrau'r gyfrol. Gyferbyn ag 'Awyren' y mae cerdd ola'r gyfrol, 'Ffwdan Baban Tew yn Swbwrbia Cymru Heddychlon'. Y mae fel petai deunydd a delweddau 'Awyren' ond nid ei ffurf wedi eu gosod o flaen y drych, ac mae'r llun a ddaw'n ôl o chwith. Ceir yr union ddyfeisgarwch, a'r union ddull o gyfleu, yn ei ganu serch rhwng 'I Wraig' yn *Allor Wydn* a 'Pan Rodiwn . . .', cerdd gyntaf *Gwlad Llun*, fel pe bai'n troi presenoldeb ei wraig yn y naill ar ei ben yn absenoldeb yn y llall. Yn y naill y mae'r gwybodusion yn ei gynghori mai 'Ei habsenoldeb hi a ddygai'r ffwrnais / I'm hawen i . . .' Y mae'r bardd yn gwrthod eu cyngor ac yn anghytuno'n llwyr. Ond yn y gân serch fawr honno, 'Pan Rodiwn . . .':

> Caraf di fel pe bawn wedi dy golli di.
> Pan rodiwn ar hyd y Morfa Mawr am dro
> Fe dyr dy gwmnïaeth di'n donnau atgof imi
> A golchi drwy fy hiraethu a'u sugno hwy'n ôl gyda'r gro.
>
> (COG 255)

'Awyren' wedi ei throi tu mewn tu allan yw 'Ffwdan Baban Tew yn Swbwrbia Cymru Heddychlon'. Gellir synio nad 'cymdeithas yr adar' sy'n trigo yn 'Swbwrbia Cymru Heddychlon'. Gyferbyn â'r bardd yn y drych y mae'r 'baban tew'. Onid yw ef megis yn gwireddu dyhead y bardd yn 'Awyren' i fod yn un sy'n gwastraffu canu? Daw crio'n ddigymell. Onid yw'n cadw gŵyl? Y mae ei sŵn fel petai'n llenwi nef a llawr – 'Hyrddir y cols hurt i'r haul'. 'Mae 'na faban yn crio yn yr ardd y tu hwnt i'r parc' – yn ei baradwys bach yn swbwrbia nid yw'r 'baban tew' yn gweld fawr bellach na'i drwyn ond y mae ei grio'n fyddarol. Dyma lun deifiol o'r ddynolryw ac o'r unigolyn hunan-fodlon, solipsiaeth hunan-ystyriaeth swbwrbia y gymdeithas fodern. Rhaid cofio mai 'Fat Boy' oedd enw bedydd y bom a ddistrywiodd Nagasaki. Yn y llun a ddaw'n ôl o'r drych y mae'r adar a'r awyrennau wedi eu huniaethu megis yn nelwedd T. S. Eliot yn 'Little Gidding':

> After the dark dove with the flickering tongue
> Had passed below the horizon of his homing . . .

Felly hefyd yn y gerdd hon:

> am fod adar heb ddwyn eu cyrch arno
> A bomiau'u hadenydd heb ddifa pob aelod o'i eiddo
> . . . Comedi yw ef
> Yn udo am fod yr adar wedi dod o bellter
> Heb geisio sylwi arno . . .
> . . . . . .
> Yn yr ardd y tu hwnt i'r parc fe gafodd ei ddarostwng
> Gan fyddin adeiniog o gelanedd. (COG 252)

Y mae'r 'ffoi rhag difancoll' drwy gydol y gerdd yn cael ei bortreadu (gyda berfau egnïol) fel y distryw mwyaf a llwyr. Ganymede sydd dduw. Ef *yw'r* eryr. Nid yw bloneg hwn mor wahanol â hynny i'r rhew sy'n groen ar afon Sain Lawren:

> Magwyd croen sy'n ansensitif
> I drasiedi . . . (COG 148)

Ond i'r gwrthwyneb, y mae Bobi Jones yn teimlo i'r byw drasiedi'r amserau. Yn ei soned, 'Heno', y mae'r olygfa yn newid:

> Cerddodd y cyfnos drosom ni gan dynnu'r
> Lliwiau allan o weirglodd ac o wrych.
> Lle'r oedd yr heulwen wedi bod yn tonni'n
> Gefnfor o fêl, yn awr cywasgai'n sych
> Y trai. A chiliai'r gwyrdd i ffwrdd o wyneb
> Dôl; draeniai'r gwinau'n ôl o'r drych
> Pan syllai'r coed i'r pyllau. Nid adwaenent
> Mo'r llwyd angheuol mwy a fuasai'n wych,
> A fuasai'n amryw: bellach yr hir undonedd
> Fel tywod a ymestynnai lle bu glas-
> Wellt; fe gollai'r ffurfiau oll eu ffiniau
> Ac amwys teulu'r dail; cymysg eu tras.

Mae'r wlad, wrth ddylif waedu ei threftadaeth,
Â'i hedrych wedi'i godro; blinodd ei blas. (COG 246)

Yn 'Dawns y Du' daw'r nos yn sydyn, ar drawiad:

A daw fel y cloc, ac nid yn flêr
Fel yng Nghymru. (COG 177)

Yn y tirlun hwn daw yn raddol canys golygfa agos i'w gartref sydd o'i flaen. Fel paentiwr, megis David Bomberg yr arlunydd mawr o dras Iddewig yn ei dirluniau olaf, y mae'n driw i'r profiad, o weld y dydd ar drai a'r wlad o'i flaen yn diflannu. Ond y mae'r cynfas cyfan yn drosiad am gyflwr y Gymru gyfoes ar ddiwedd y chwedegau:

Mae'r wlad wrth ddylif waedu ei threftadaeth,
Â'i hedrych wedi'i godro; blinodd ei blas. (COG 246)

Dyma Gymru 'Cost Arwisgo 1969' – 'Nos oedd y wlad'. Mae'r llinell sy'n cloi'r gerdd fer hon yn meddu ar rym symbol – 'Mwclis oedd Cymru o gwmpas ysbyty'. Daw'r ias yn y cyfosod. A'r dehongliad? I mi, mae amwysedd yn y 'mwclis', a dwy swydd, dau lun. Y mae'r llinell yn cyfeirio'n benodol at yr Arwisgiad. Onid yw'r 'mwclis' – y Frenhines a'r Sefydliad megis *garotte* Prydeindod ogylch y gwddf hardd sef y diniwed wedi eu clwyfo neu eu lladd ar ddiwrnod yr achlysur. Dyna bersbectif diwrnod yr Arwisgo. Ond mae persbectif hir arall o draddodiad y wlad a'i threftadaeth. Y 'mwclis' yw ynysoedd glân a sanctaidd y Saint cynnar a Cheltaidd ogylch y Gymru gyfoes afiach. I mi o leiaf, y mae'n symbol cymhleth ac ysgytwol. Y mae Capel Celyn yn ffocws i ddifrifoldeb y sefyllfa gyfoes. A'r 'ehangbeth pendefigaidd', y traddodiad a'r diwylliant – 'Nis ceid ef yn y ffeil' – nid yw'n bod i'r clercod yn y swyddfa. Yn 'Heno' fel yn 'Capel Celyn':

Y peth hen hwnnw, mor uchel a lluniedig.
Mor hawdd y'i cuddiwyd, ac yn awr ni ddaw yn ôl
Y frawddeg nas ail-ddywedid. (COG 224)

Mae'n cael ei flotio. Onid yw'r pysgotwr a ddaw ar wibdaith p'nawn i Dryweryn mor hunan-fodlon â'r baban tew. Y mae'r bardd yn ymwybodol o bwysau a mudandod yr 'awyren' ac o'r tywydd garw:

> Mae corryn gaea ar ffenestri 'nghell
> Yn gweithio gemau gwydr.
> Gwn innau am dapestrïau pleth
> Yn oerni fy mydr.

> Diwyd y meddianna olau'r tŷ
> A thywyllu ystafell ha.
> Taflunia wyll ei fol i mi
> Fel iâ wrth iâ. (COG 200)

'The time is out of joint', chwedl Shakespeare. Y mae'r tymhorau o chwith. Mae 'gemau gwydr' rhwydwaith y rhew ar ei ffenestr. Y mae oerni a thywyllwch fel yng ngaeaf Québec ogylch ac o fewn:

> Yr hyn sy'n ddychrynllyd yw mor ddwfn y mae bywyd yn rhewi.

Ac y mae 'Oerni drwy wefus a thŷ'. O dan y fath amgylchiadau y mae lleferydd y bardd a thymer ei gerdd yn newid:

> Gwn innau am dapestrïau pleth
> Yn oerni fy mydr. (ibid.)

Yn 'Cost Arwisgo 1969':

> Cwympodd carreg yr anaf ar waed ein clyw
> Gan anfon cylch am gylch hyd y glannau. (COG 202)

Y mae'r crychdonnau sy'n lledu o'r canol, o bwynt y clwyf, yn un, fel petai, â'r cylchoedd o sŵn sy'n cyfleu'r neges draw ledled y wlad a'r gwledydd. Cymwys yw'r llun i gyfleu empathi'r bardd o Gymro â dioddefaint ym mhellafoedd byd. O brofi o'r gorthrwm yn ei wlad ei hun y mae'r bardd yn fwy tebygol o ddeall amgylchiadau cyffelyb a chreulonach draw megis yn Biaffra a Fiet-nam. Go brin y ceir y deigryn sentimental Fictoraidd – nid dyna'i ddull o gydymdeimlo. Arf miniocaf dychan a geir yn y cerddi hyn – y mae'n gwneud defnydd o goegi yn 'Biaffra 1969' a 'Gwlychu Gwely 1967' a 'Carcharor Iddewig'. Hyn yw 'oerni fy mydr'. Nid yw'n elfen hollol newydd yn ei waith ond y rhain yw ei gerddi mwyaf

deifiol hyd yma. Er enghraifft, dyma ddiweddglo
'Carcharor Iddewig':

> Aeth yn dduwiol tua'i ddiwedd
> Ac yr oedd yn hollol lân. Ond ymhob gwlad
> Wareiddiedig, onid ydynt yn golchi'r gelain, felly,
> Fel y mae'u barddoniaeth hwythau'n peri i flodau pert
> oroesi? (COG 244)

Yn y cyswllt hwn sylwer ei fod yn troi oddi wrth y trais
cyfoes megis yn Biaffra neu Fiet-nam at y drosedd
waethaf oll yn hanes y ganrif hon, sef yr Holocost. Bu
dirmyg a chasineb yr Ewropead tuag ato yn rhan o
brofiad yr Iddew ar hyd y canrifoedd. Ond daeth i
benllanw dieflig yng nghyfnod y Natsïaid. Yn *Allor Wydn*
y mae'r llun o ddinistr, gormes, trais, anialwch a dilead
yn amlwg. 'Roedd yno yn y cefndir yn *Man Gwyn* megis
yn y portread 'Portread o Hen Indiad':

> Tyfasai'i genedl fel bryniau gwyrdd,
>   A choed oedd eu pum synnwyr.
> Diflannodd pob smic dan yr eira clyd
>   A lanhaodd y byd mor drylwyr. (COG 125)

Pa sawl llwyth a chenedl a ddiflannodd yng Ngogledd a
De America? Gwnaeth yr Ymerodraeth Brydeinig jobyn
go deidi yn Tasmania. Ond y mae'r hen stori wedi ei serio
o'r newydd ynom ar ei gwedd fwyaf erchyll a chlinigol yn
yr Almaen gyda'r Trydydd Reich. Y Slav, y sipsi, yr anabl
ond yn bennaf, yr Iddew a ddioddefodd. Yr oedd yr
Almaenwyr yn y cyfnod hwn yn waeth na phobl Edom. A
dyma'r llun gan Bobi Jones o'i dad-cu yn arwain y
proletariad fel y caethweision Iddewig o'r gaethglud yn
yr Aifft:

> A streic,
> pan ddaeth hynny, ac yntau gan chwifio'i ffon
> yn yr awyr ar flaen yr orymdaith, yn arwain
> cenedl Israel dan garnau cydwladol y Môr Coch . . .

Y mae gobaith fel gobaith yr Iddew yng ngwaed y bardd
hwn. 'Roedd cysylltiad ymarferol hefyd rhwng y bardd a'r
genedl atgyfodedig a hynny'n gysylltiedig â dysgu ail
iaith i oedolion. Llwyddiannus iawn fu'r crwsâd i godi'r

Hebraeg i'w lle priodol yn Israel. Cyn sefydlu'r wlad, *Yiddish*, sef Iddew-Almaeneg, oedd iaith y Diaspora, yr Iddewon ar wasgar ledled y byd (iaith y nofelydd Isaac Bashevis Singer a'i frawd, etc.) 'Roedd profiad ac esiampl yr athrawon yn Israel, y dull o gyflwyno'r iaith ac o drefnu cyrsiau yn gymorth ymarferol i addysgwyr yng Nghymru. Ond ing yr Iddew a'i genedl sydd yn cymell y gân 'Carcharor Iddewig'. (Am ganeuon eraill diweddarach ar y pwnc hwn gweler 'C'lomennod Rasio', *Canu Arnaf 1*, 1994, t.97, a dwy gerdd yn ei gasgliad *Ynghylch Tawelwch*, Barddas, 1998, t.14, 104, sef 'Gollyngdod Chelmno' a 'Marwnad i Iddew', ac 'Y Siaradwyr Iddeweg (Yiddish)' yn *Canu Arnaf 2*, 1995, t.217)

Y mae'r syniad o ddilead, o dreftadaeth wedi ei chladdu, o hanes wedi ei guddio a'i anwybyddu, yn amlwg yn y gerdd 'Capel Celyn'. Fe'i pwysleisir hefyd yn 'Portread o Estron':

> Trwy'i feddyliau gwâr dileodd ein bodolaeth
> Gan wahardd yr iaith a chosbi'r gân am hanes. (COG 244)

Er bod y pwyslais a'r gysegrfan o fyd natur yn cael eu dileu yng ngherdd fawr olaf Waldo, 'Y Dderwen Gam', y mae cyfatebiaeth rhwng y gerdd a phrofiad cyffelyb Cwm Celyn:

> Yma bydd llyn, yma bydd llonydd,
>   Oddi yma draw bydd wyneb drych;
> Derfydd ymryson eu direidi
>   Taw eu tafodau dan y cwch.

Ger Aberdaugleddau ('Pan fwriedid cau ar ran uchaf Aberdaugleddau') ac yng Nghwm Celyn yn llythrennol a throsiadol fe ddistrywir 'cymdeithas yr adar' gan y meddylfryd Bloc-pŵer, y Wladwriaeth ganolog, y swyddfa drethi a'r 'awyren'.

Bu'r ysfa ac yn wir y rheidrwydd i ddileu hanes pobloedd a chenhedloedd yn rhan o strategaeth y gormeswr erioed a'r cyflyru hwnnw mor effeithiol ag effaith slafdod y gwaith undonog, 'amnesia'r holl simneiau' yn y ganrif ddiwethaf. Yn gynharach, 'roedd y realiti cyfoes wedi arwain y bardd yn ôl i'w gynefin – Taf

yw'r llinyn bogail – yn y gerdd 'Caerdydd'. Felly 'nawr, y
mae hinsawdd trwm yr amserau yn ei gymell i chwilio ei
wreiddiau ac i nodi ei ddatblygiad personol. Ond nid
gorthrwm yr amserau'n unig sy'n ei orfodi i ddilyn y
trywydd hwn. Uwch ei ail gasgliad o gerddi *Canu
Arnaf 1*, yn llinell agoriadol ei ragair, dyma'r sylw:

> Y profiad o henaint yw'r hyn a rydd undod i'r casgliad
> hwn . . .

Ac yn wir y mae'n agor y casgliad gyda'r adran 'Hunan-
gofiant Gofynnod', sef adran yn cynnwys hanesion a
phrofiadau personol megis 'Y fam-gu arall' a 'Dwy wraig
a rhodd', h.y., y mae gormes amser yn ei droi i'r cyfeiriad
hwnnw. Ac y mae gormes amser yn ogystal â gorthrwm
yr amserau yn ei ledio'n ôl yn 'Tad-cu ac ŵyr':

> Wrth ddal cipolwg ar fy ngwallt ambell fore ar ffo
> ynghynt nag arfer, a'm trwyn yn gadarnach ei fwa,
> fe deimlaf fy mod yn mynd i gyfarfod ag un
> neu ei fod ef yn ymwthio allan ohonof a'm galw
> i gyfri, i ateb fy nyled i'm tadau. (COG 230)

O syllu yn y drych y mae'n canfod wyneb ei dad-cu. Yn
nes ymlaen yn y caniad caiff yr un profiad wrth syllu i
ddyfroedd yr afon:

> ond wrth imi edrych dros y bont ar Daf
> welodd ef, mi dybiaf, yn y dŵr, rhwng y swigod,
> fy mod yn canfod o'r newydd ei wyneb:
> cwyd ei lid eto,
> ac yn ei lais ef 'rwyf yn siarad. (COG 234)

Man cychwyn yw'r adlewyrchiadau hyn. Fe dry'r drych
yn lens. Lens y cof sy'n allweddol. Yng nghryndod y llun,
fel mewn ffilm, y mae'r naill wyneb yn ymffurfio'n
rhithiol yn y llall. O'r ddelwedd hon, heb ddarllen y
gerdd, gellir tybio bod lle arbennig a neilltuol yng
nghalon y bardd i'r tad-cu hwn:

> Tad-cu ac ŵyr: dau wyllt . . .
> . . . ond ni'n dau, cyd-raeadr
> fuom ninnau o'r crud. (COG 230)

Maent yn debyg o ran natur ac o ran eu gweledigaeth.

Mae gan y ddau weledigaeth bositif – 'Llifasom at ein gilydd / drwy ddyfodol delfrydol ein gwaed.' Drwy gydol y gerdd ceir mân bortreadau o'i dad-cu, hanesion amdano, ac y mae'r rhain yn ymdoddi'n un portread graffig a chyflawn o'r person. Y mae'r *vignette* cyntaf yn gosod patrwm y berthynas rhwng y ddau. Ar y Nadolig, a'r holl deulu wedi ymgasglu at ei gilydd, y mae'r tad-cu hwn yn cilio o'r golwg:

> Ond cilio wnâi ef o'r golwg. Mae gen i ryw atgo
> mai gartre ar ei ben ei hun weithiau y cybyddai
> wledd yr ŵyl, wrth y marwor, mewn myfyrdod
> tan ddarllen rhyw lyfr anstorïol. Ac yno draw
> ambell dro, rhag straen y rhialtwch, llithrwn innau
> (heb ddeall yn hollol paham) i godi sgwrs ac i stilio
> ynghylch Proudhon a Lenin, Robert Owen a Gandhi . . .
> (COG 231)

'Roedd seiat o'r fath, a'r seiadu yn digwydd yn aml, yn allweddol i dwf syniadaeth y plentyn ac yn ddiweddarach y llanc – 'Efô oedd fy athro', meddai (COG 231), 'roedd argyhoeddiad cryf ei dad-cu, ei ymresymiad, yn gadael ei ôl am oes:

> Trwyadledd y datrysu
> ar droeon fel y rhain a'm harbedodd yn nes ymlaen
> rhag cymrodedd y rhyddfrydwyr (politicaidd neu
>   ddiwinyddol):
> os oes eisiau gwrthod, gwrthod; os da yw, yna da . . .
> (COG 231)

Yn gyfochrog â'r portread o'i dad-cu y mae'r portread o dwf a datblygiad syniadaeth y bardd a hynny yn deillio i raddau helaeth o'i berthynas glòs â'i dad-cu – perthynas glòs, gynnes a thanllyd weithiau, bid siŵr. Y mae'r atgofion am ei dad-cu a'r profiad o'r gyd-berthynas yn dilyn yn gronolegol gan amlaf. Daw'r hanesion yn eu tro pan yw'r bardd yn chwech, wyth a deg oed etc. . . . Mae llinell sicr y naratif yn ein tywys ymlaen. Ond uwchlaw'r atgofion hyn, yn frith yn y naratif, ceir myfyrdod y bardd am y profiad o berthyn a'i le, yn wir, eu lle hwy ill dau yn y patrwm ehangach. Ond nid eu lle ond *y lle* sy'n arwydd-ocaol hefyd (amser *a* gofod) – a'r lle hwnnw yw Merthyr.

Yn y bedwaredd ganrif ar bymtheg 'roedd effaith y Chwyldro Diwydiannol yn fwy dramatig ar y dref hon na nemor unrhyw ardal arall yng Nghymru. Yn sgil y diwydiannau newydd a chyflwr y gweithwyr yng nghyfalafiaeth eithafol y gyfundrefn, 'roedd y crochan bron ar ferwi a berwi trosodd. Gweithwyr y dref hon oedd ar flaen y gad i gael cyfiawnder i'r gweithiwr yn y ffatri a gwir ddemocratiaeth i'r dinesydd. (Gweler Gwyn A. Williams *The Merthyr Rising* a nofel Gwyn Thomas *All Things Betray Thee.*) Cofier hefyd mai slafdod y dosbarth gweithiol mewn lleoedd fel Manceinion etc. ym Mhrydain ac nid ar y cyfandir nac yn Rwsia a gymhellodd Marx ac Engels i ddadansoddi'r gyfundrefn. Yn ddiweddarach, yn *Hunllef Arthur*, y mae Bobi Jones yn ymdrin â chyflwr materol, cymdeithasol, seiolegol ac ysbrydol y gwerinwr a'r gweithiwr o Gymro yn y cyfnod hwn mewn dau ganiad sef 'Creu'r Proletariad' a 'Penderyn a'r Faner Goch'. Yng Nghymru, nid oedd y sefyllfa yn gyfyngedig i gymoedd y De – 'roedd yn effeithio ar Gymru gyfan. I bwysleisio hyn y mae'r caniad 'Creu'r Proletariad' wedi ei leoli yng Ngogledd Cymru – y ddinas annynol ac uffernol yw Lerpwl. Y mae'r hanes yn driw i dynged y pentrefi gwledig yn y gogledd.

'Roedd *y cof* o bwys ym Merthyr. 'Roedd yr aberth gan y cyndeidiau yn beth byw i dad-cu Bobi Jones – ac i'r genhedlaeth iau, fel y profiad o Ddowlais i Gwyn Alf. Gellir gweld o ble y daeth argyhoeddiad ei dad-cu, a'i brofiad personol ef o galedi diwydiannaeth yn tanlinellu mewn inc coch y camwedd gynt. Y mae llinell Blake yn crynhoi agwedd a gwep y ddau wron hyn – 'Nor shall the sword sleep in my hand'. Sylwer bod ffurf y gerdd yn cynnwys tair rhan: *Thesis, Antithesis* a *Synthesis* – yn null dialecteg Hegel a Marx (eu dull o ymresymu) ac o barch i'r hen Farcsydd, ei dadcu.

Wrth i'r berthynas rhwng y bardd a'i dad-cu ddatblygu 'roedd anghytundeb yn ymddangos rhyngddynt ar fater yr iaith:

ond yr iaith ydoedd craidd fy hurtrwydd,
y crair anghredadwy hwnnw, gwrthodedig
amherthnasol, dirmygedig, heb fod. (COG 232)

Fel arf, yn y rhyfel, 'roedd hi'n ddiwerth – 'Yma, yn glwt
yn ein llaw'. Yn wir, 'roedd gan ei dad-cu gywilydd o'r
iaith. O leiaf, yn hyn o beth, 'roedd yn debyg i'w gyfoes-
wyr ac yn nodweddiadol o'r genhedlaeth honno ac o'r
cenedlaethau gynt ac wedyn. Yma yn y gerdd, y mae'r
bardd yn troi o lens y cof at realiti'r presennol, ond
gwneir hynny drwy gyflwyno cameo o hanes yr iaith, sef
llun o'r iaith wedi ei phersonoli fel y ferch ddiwair, y
dywysoges, wedi ei herlid a'i threisio. Mae hi'n erfyn ar
Dduw yn ei thlodi. Rhaid cofio am gred y bardd a'i ffydd
– 'Ond lle'r oedd rhacs roedd Crist' ('Creu'r Proletariad').
Cri o'r galon ynghlwm wrth weledigaeth yw ei eiriau:

> yma ym Merthyr
> rhaid ail-godi'i hystafelloedd, yma yn nhŷ fy nhad-cu.

Soniais yn gynharach wrth drafod ei bortreadau ei fod ef,
y bardd, yn 'creu ei fetropolis o fân lwybrau, ei
gymdeithas blwyfol-gynnes' ynddynt a thrwyddynt. Ond
yma, y mae holl bwysau ei farddoniaeth yn uno â'i
ddelfryd fel addysgwr. Dyma weledigaeth bositif sy'n
ymarferol. Y mae Bobi Jones ac R. M. Jones yn
ymdoddi yn y drych. O droi'n ôl y mae'n canfod y ffordd
ymlaen.

Yn y caniad cyntaf ('Tad-cu ac Ŵyr', COG 230-236) y
mae'r ffocws ar un o'r proletariad, y gŵr o'r dref, y cyn-
weithiwr-rheilffordd. Ond yn yr ail ganiad y berthynas
rhwng ei dad-cu a'r wlad a geir, un o'r werin, – mae hyd
yn oed ei swydd cyn ymddeol yn ei arwain i'r wlad. Y
mae'r bardd wedi cymryd cam yn ôl a darganfod gwreidd-
iau ei dad-cu yn y wlad. Caiff y plentyn, y Bobi Jones
ifanc, weledigaeth o undod mawr y cread wrth ddargan-
fod y mân gread ac yntau'n droednoeth yn y caeau. Yr un
weledigaeth yn y bôn ond wedi ei chyfleu'n delynegol-
chwareus a geir yn y gerdd drawiadol honno 'Traeth y
De, Aberystwyth' – y 'sbort sy ar waelod galar'.

Y llinyn cyswllt (fel y llinynnau rhwng bob cansen, bid

siŵr) rhwng ei gartref trefol a'r wlad yw ei alotment. Yn wir:

> Lle bynnag yr âi, mynnai ardd
> yn allanol. Onid gweledig y tipiau
> a'u bronnau ymwthiol yn anllad-herio â'u llun
> a'u llaeth du tua'r dre? Yn yr ardd 'roedd fflamau'n
> siglo'u glesni'n ôl ac ymlaen gan losgi'r llaca
> yn awyr y bore, ac amrannau bob Mawrth
> yn deffro o'u mân gyntunau – ac 'roedd y rheini
> i'w gweld. (COG 239)

Gardd, alotment a chae!

Wrth i'w dad-cu gyfarch dyn nad oedd ef yn ei adnabod wrth fynd am dro ger Pontsticill – moes a oedd yn ddieithr ac od i blentyn o'r ddinas – y mae yntau'n dechrau sylweddoli'r berthynas rhyngddo ef a'r gwerinwr, rhyngddo ef a phobl y wlad:

> ond byth oddi ar hynny, fe deimlais i rywsut
> fod gennym ni deulu yn y wlad. (COG 237)

Flynyddoedd yn ddiweddarach ar ôl ei brofiad ar y Wennallt a chyfansoddi ohono gerdd yn y Gymraeg am y tro cyntaf (gweler 'Crio Chwerthin') y mae'n cael ymdeimlad cyffelyb, ond y tro hwn tuag at ei gyd-ddyn yn y ddinas gosmopolitan. 'Roedd cynnyrch amgenach na'r llysiau yn deillio o gynhaeaf y cae a'r alotment. Ond rhaid peidio ag anwybyddu'r 'bara':

> 'I'r cythraul â bara', mi waeddais un diwrnod
> o'm cysur, o'm Coleg.
> Ffôl oeddwn i gweryla ag ef, ac yn waeth
> i wadu'r peth bach beunyddiol y mae angen
> gweddïo amdano, y briwsion a dorrwyd mor ddechau
> yn nwylo Gwaredwr yr ardd. (COG 239)

Daw'r *synthesis* yn y trydydd caniad – un ydyw'r gweithiwr diwydiannol â'r gwerinwr ym mhatrwm y cartref, ei gartef. Ei ddelfryd yw adeiladu'r tŷ nad yw ar gael:

Adeiladwr oedd ei galon. Yn wir, gwelodd o bellter
bob amser y tŷ gorffenedig, yr holl waliau newydd
mewn gwlad ac mewn byd: heddwch, cydraddoldeb
ac angylion felly'n hedfan yn gartrefol drwy'r llofft.
(COG 240)

Nodir yn yr ail ganiad: 'Pechod nis deallodd. Clywsai
efengyl boliticaidd / a ddatrysai bopeth'. 'Roedd ganddo
ffydd yn y natur ddynol, yn naioni dynion ac 'roedd yn
rhag-weld y dydd yn gwawrio. Nid oedd hyn i fod. Ac eto:

Ond minnau, fe'i cofiaf yn adeiladu ei deulu
mewn gwres ac mewn pryder ac yntau yn bennaeth
anghydradd; heb yn wybod wedi hen gwpla'i dŷ
ar ryw olwg. (COG 240)

Fel yn y gerdd 'Bwyta'n Te' (y bardd a'i deulu) neu'r
portread cariadus o fywyd priodasol tad a mam Arthur
Jones yn 'Creu'r Proletariad' sy'n deyrnged (er mai
ffuglen yw'r naratif) i'r berthynas annwyl rhwng tad a
mam y bardd, felly hefyd cartref ei dad-cu – y tŷ. Dyma
batrwm sy'n pontio tair cenhedlaeth o leiaf o deulu'r
bardd. Y mae'r tŷ yn gyflawn a'r cenedlaethau yno yn yr
olygfa sy'n uchafbwynt i'r gerdd. Ceir cyfatebiaeth rhwng
yr olygfa, gyda'r tad-cu a'i ŵyr yn syllu i gyfeiriad
Caerdydd amser y blitz â'r golygfeydd cynharach hynny
o graffu yn y drych ac o lens yr afon:

Un noson edrych'som i lawr gyda'n gilydd
drwy'r cwm tua Chaerdydd lle'r oedd un,
y bont rhyngom ni'n dau, yn frau mewn ysbyty.
Gwyliasom y fflamau'n gwaedu'r holl wybren
wrth i fyddin un wlad luchio'i chas
at offer gwlad arall, a'r bont fach honno
(sydd yn enfys, yn wir)
yn ein meddwl ni'n dau mor sigledig.
Mor gyfrwys 'roedd cyd-ofid yn tynnu
ei raffau campiog o'n cwmpas, ac i lawr
hyd yr afon ysol honno. (COG 240)

Yn yr olygfa hon daw pob elfen o'r drafodaeth ynghyd. Y
rhain yw'r lleoedd sydd mor bwysig yn hanes y bardd,
Merthyr a Chaerdydd. Amlwg hefyd yw agosatrwydd y
berthynas, y tad-cu yn poeni am ei ferch yn yr ysbyty a'r
plentyn yn llawn pryder am ei fam – y cenedlaethau,

'cymdeithas yr adar'. Ac mae'r awyren go iawn, y bomar, uwchben. Y cyrch bomio ar Gaerdydd a grybwyllir – y bloc-pŵer ac angau'n agos ac yn her i'r gymdeithas gyfan, fel y mae'r salwch i'r fam yn bygwth yr unigolyn. Ceir ar y naill law y grym annynol ac ar y llall gariad teulu. Sylwer ar y ddelwedd sy'n symbol o'r fam, y bont (rhwng dwy genhedlaeth) 'sydd yn enfys, yn wir'. Nid yn unig ei seithliw o'u cymharu â thywyllwch yr olygfa ond megis arwydd bythol o obaith a chyfamod ym mherfedd 'gaeaf' wrth yr afon ysol honno – Taf fel yr 'Iorddonen ddofn'. Y mae'r 'afon ysol' yn ein harwain (fel cyrch gymeriad sy'n cysylltu) at ran ola'r gerdd gyda marwolaeth y tad-cu ac effaith hynny arno ef, y gŵr ifanc. Galarnad yw'r llinellau clo, ystyriaeth o angau, o golled ac o goffadwriaeth. Daw'r drudwy i gof y bardd yn aml wrth iddo ystyried ei dad-cu. Un o 'gymdeithas yr adar' yn wir.

'Roedd blynyddoedd olaf y chwedegau yn flynyddoedd cythryblus a gobeithiol. Ceir ymdriniaeth fanwl a meistrolgar o ymateb y beirdd mewn cyfnod o argyfwng yn y bennod 'Y Bardd a'r Chwyldro' yng nghyfrol Alan Llwyd, *Barddoniaeth y Chwedegau*, (Barddas, 1986). 'Roedd iaith a diwylliant yn bwnc llosg a'r ymgyrchoedd am le canolog a theilwng i'r Gymraeg yn cynyddu. 'Roedd Cymdeithas yr Iaith yn effeithiol iawn – anodd iawn oedd i'r unigolyn fod yn ogor ac yn rhidyll. 'Roedd 'concrit Philistia' yn cracio.

O dro i dro fe geir cerdd neu ddilyniant gan y bardd yn pwyso a mesur (gyda'r dychymyg) y sefyllfa gyfoes. Maent yn ffurfio cyfres bwysig sy'n dal i ddatblygu – ceir yr olaf (hyd yn hyn) 'Gwlad fy Nadau' yn *Ynghylch Tawelwch* (Barddas, 1998). Maent yn haeddu ysgrif yn canolbwyntio arnynt. Un o'r cerddi hyn yw 'Adroddiad Answyddogol o'r Drefedigaeth Olaf'. Y mae'n gerdd ryfeddol a'r profiad o'i darllen yn rhoi gwefr bob tro. Gallaf gyfleu'r wefr honno'n anuniongyrchol yn haws na cheisio 'esboniad' o'r gerdd. Fel y bu i'r dylif yn Fflorens ddinistrio campwaith Cimabue, ei lun o Grist ar y Groes, a dwylo petrus yn ceisio adfer y llun yn ôl i'w ogoniant gwreiddiol – neu fel y bu i ddaeargryn ddymchwel ffresgo

Giotto a gwaith yr adferiadwyr yn mynd rhagddo yn y llwch wrth chwilio'r llawr am y darn hwn o las y nen a'r darn arall o gnawdliw boch – llafurus y dasg o blygu nes i'r llun ymffurfio ar y llawr, fel pe bai anadl Duw yn bywiocáu pridd. Dyna wefr yr atgyfodiad trwsgl, ffwndrus ar ôl hirgwsg y gaeaf. Dyna'r teimlad a gaf o'i ddarllen, a'r syniad o gylch y glaw yn natblygiad y gerdd nid o linell naratif sy'n linell syth. Mae hyn yn debyg i'r broses a geir yng nghaniad IX:

> Dilyned olwynion
> ein dafnau tarth ar hynt
> drwy'r glaw a'r tir i waered i'r môr,
> yn ôl i'r gwynt.

> Yn erbyn disgyrchiant
> codant mewn tes.
> Gyrrir hwy am droedfeddi a milltiroedd hwy
> yng ngherbyd gwres.

> Ac wrth eu codi
> fe'u golchir yn lân:
> bwrir yr halwynau a phob brycheuyn
> yn tân.

> Delir pob cwmwl
> mewn clorian, sy'n llaw;
> rhwng rhwymau anadl o gylch cyrff o lwch
> yr ymetyl y glaw.

> Aros amdano
> wna dail a gwraidd
> hyd at y creigiau cudd a'r ffynhonnau dwfn
> ei gusan a draidd.

(COG 209-210)

Y mae gan Gwenallt gerdd o fawl i'r 'elfen' dŵr sef 'Dŵr', un o'i gerddi gorau yn y gyfrol *Gwreiddiau*. Ond o ran dychymyg a chrebwyll ni ellir ei chymharu â'r caniad hwn. Yn niwedd ei soned 'Awyren', meddai'r bardd, 'Caiff clychau guro drwy gydol / Fy nghorff i gyhoeddi mai gŵyl bob amser yw hi'. Gwelir yn nwy soned agoriadol 'Adroddiad Answyddogol o'r Drefedigaeth Olaf' mai'r un elfennau sy'n bodoli ag yn y soned, sef ar y naill law y grym annynol a fu'n dileu – 'nos / Faith, Brydeinig, lafurus' ac ar y llall y gân, yr ŵyl. Ond fel y gwelwn ar ddiwedd y gerdd, mae rhybudd – nid canu ei gloch mae'r bardd:

> Eithr canu nid yn frochus chwaith na'r sain
> Yn syfrdan i dorfeydd gyda hunan chwydd
> Yr arwr a'i law huawdl yn fraw i frain. (COG 211)

At yr arwr Cú Chulainn y cyfeirir, ac yntau'n marw. Er mwyn iddo farw ar ei sefyll y mae wedi ei glymu ei hun wrth golofn garreg. Y mae'r olygfa yn ein hatgoffa o'r Crist ar y Groes ac o Bromethews wedi ei glymu wrth ei graig. Mae balchder di-ildio yn ei ddirmyg o'r brain o'i gylch – fel *hubris* Promethews. Arall yw cyngor y bardd. Yn ôl y bardd hwn nid arwrgerdd mo *Hunllef Arthur* ond gwrthepig. (Efallai bod tynged yr iaith yn Iwerddon ar ôl cael hunanlywodraeth yn y cwlwm.)

Yn niwedd y chwedegau, canodd y bardd delyneg angerddol a chain i un o 'gymdeithas yr adar', sef Jan Palach. Fe fyddai Frost, pe bai'n fyw, wedi cymeradwyo safiad eithaf y gŵr yn erbyn totalitariaeth yr Undeb Sofietaidd gan gyfleus-anghofio am aberth un o'i lwyth – y crynwr Norman R. Morrison yn ei losgi ei hun o flaen ffenestr Robert McNamara yn y Pentagon. Cân o fawl i safiad y gŵr ifanc yn erbyn grym annynol yr 'awyren' yw hi:

Jan Palach

(Y MYFYRIWR O SIECOSLOFACIA A'I LLOSGODD EI HUN I FARWOLAETH AR SGWÂR WENSESLAS: YSTUM YN ERBYN GORMES UNFFURFIOL RWSIA AR EI WLAD, IONAWR 1969)

> Rhedodd o gylch y sgwâr
>   Yn sêr i gyd;
> A'i nef yn olau cnawd
>   Rhedodd am rawd y byd.
>
> Hedodd drwy galon dyn,
>   Y glöyn gwyrdd,
> Gan gynnau blodau brau
>   Yn lliwiau fyrdd.
>
> Ni adawai i'r nos sy'n un
>   Farwhun ar y cyd
> Rewi'r amrywiaeth had
>   Dan gaead byd.
>
> (COG 200)

A beth am ddymuniad y bardd fel y'i ceir yn 'Awyren'?

> Ond minnau, fe hoffwn oedi ar fy nghainc
> A gadael i'r dwli yn fy nghalon gosi'r gorwelion.
> Fe garwn ymuno â chymdeithas yr adar sy'n ddi-bwynt,
> Sy'n gwastraffu canu. (COG 202)

Un o nodweddion y cerddi taith a'r cerddi hir yn *Allor Wydn* yw'r ymollwng a ddaw yng nghorff y gerdd mewn un caniad neu'r llall – 'Singing hymns unbidden', chwedl Shelley. Cri, bloedd o orfoledd, ebychiad neu weddi – medd-dod o fath – wrth iddo droi at ei Waredwr ac at Dduw. Gellir darllen 'Cyfle i Sobri' fel cerdd ddoniol ond y mae mwy ynddi na hynny. Dyma gerdd gan un sydd â'r ddawns yn ei galon yn canfod rhyfeddod lliw y cread sanctaidd ar ôl y storm:

```
                        Wedi'r
    storm
            mae bryniau'n
                            ceisio
    gweld
           ble
                 y maent
    wedi dodi
              lawr
    nid ydynt
                    wrth y nant y mae
    corwynt o brism yno
                    lle y collodd
                    yr heulwen
                    las-y-dorlan:
    yr wybren sy'n hedfan yn yr aderyn.  (COG 250)
```